幸せのたね

道友社編

shiawase no tane

天理教道友社

幸せのたね

目次

第一章 心《こころ》

第二章 絆《きずな》

第三章 親《おや》

第四章　老《おい》

第五章　道《みち》

第一章
心
こころ

言葉は「一瞬が生涯」

加藤芳樹《かとうよしき》

昭和23年生まれ　大阪府堺市《さかいし》
大海理《だいかいり》分教会長
堺市青少年指導委員

私たちが日常で使う言葉には、人を元気にし、人の運命をも変える大きな力があります。

私たちは言葉を発するとき、吸い込んだ空気を吐《は》き出しながら、唇《くちびる》、舌、声帯、口の中の筋肉などを使って、異なった音をつくり、それを発話しています。

ところが、同じ人が同じ場所で、同じ語気の強さで言葉を発したとしても、全く同じ音にはなりません。「サウンドスペクトログラム」という音声を測定する機械があるのですが、同じ人の同じ言葉を測定してみても、微妙にグラフが異なるのです。なぜなら人間の声帯は、機械ではなく筋肉でできているからです。また、声を発するときの空気の量、密度、温度、湿度は一定ではなく、常に変化しています。

そして何より、話す人の心理状態が場面場面によって異なり、一定ではありません。もちろん、聞き手の心理状態も一定ではなく、時間の経過によって変わっていきます。

たとえば、毎朝繰り広げられる同じような場面。お母さんが子どもたちに言う「さあさあ、ごはんですよ！」「宿題忘れてない？」「カバンは持った？」などの言葉は、毎日のように同じ場所で同じように繰り返されています。しかし、実際には、一度として全く同じ音、同じ声にはなりません。その場面にいる一人ひとりの心理状態も同じではありません。

私たちが使う言葉は、生涯の中で、たった一度限りなのです。「一日生涯」という言葉がありますが、言葉は「一日生涯」どころか、まさしく「一瞬が生涯」という道をたどっているのです。

さて、私たちが使っている日本語は、直接的な表現をするよりも、間接的な表現でものを伝えるほうが、人の心により響くという特徴があります。

普段、私たちが口に出す言葉は、氷山の一角にすぎず、その奥には「言外の意味」、いわゆる〝言わん言えんの世界〟とも言うべき、心の内を暗に伝えようとする世界があるのです。そして、聞き手のほうは、その言葉の端々から優しさや思いやりといった「言外の意味」を感じ取って、人の心をより深く理解しているのです。

たとえば朝、お母さんが「八時だよ」と子どもを起こすときの表現をとってみても、土曜日や日曜日のようにゆったりとした気分のときの「八時だよ」と、平日の忙しい朝の「八時だよ！」というお母さんの表現を比べると、明らかにそれぞれの言葉に込められている「言外の意味」が違うわけです。

また、大勢で旅館の大広間で豪華な和食の膳《ぜん》についているとします。そのとき、自分の膳のお刺し身に、醤油《しょうゆ》が付いていないことに気がつきました。そして、五、六人離れた先に醤油を見つけたとします。すると、たいていの人は瞬時に、醤油を目の前にしたその人と自分の関係を心の中で描き、使う言葉を選択します。

その人が親しい人ならば、気さくな表現となり、「ちょっと、その醤油、取ってちょうだい」となり、少し気を使う相手であれば、「すみません。お醤油を取ってくださいませんか」と丁寧《ていねい》な言葉になるでしょう。そして、もっと気を使う相手ならば、「あの、お宅様の前にあるのは、それは、お醤油ですか?」と尋ねるのです。「取ってくれ」との依頼の表現は使わないのです。聞かれたほうも、その言葉に込められた思いを察して、「ええ、どうぞどうぞ」と醤油を渡すわけです。

このように、人は言葉に言外の思いを込めて、お互いにやり取りをしています。つまり、いろいろな心をあげたりもらったりしているわけで、言うなれば、言葉に心を添えてキャッチボールをしているのです。

治まりと安らぎの第一歩は「言葉」から

残念なことに、最近では社会、地域、家庭で、言葉そのものがあまり交わされなくなってきました。むしろ、言葉を失う方向へと向かっています。買い物をするにしても、昔ならば、魚は魚屋さんで、店の主人と会話をしながら買い物をしました。いまは、好きな時間に好みのスーパーで、ひと言もしゃべらずに欲しい物が手に入ります。電車に乗るときでも、自動券売機で切符を買って自動改札を通る。全く言葉を交わさないという生活環境が、じわじわと広がってきています。

そしてそのことが、そのまま家庭の中

に持ち込まれていて、家族同士なのに必要最小限しか話さない、というようなことになっていないでしょうか？

いまの日本人には情緒がなくなってきたとか、現代の子どもたちには心の教育が欠けていると、問題提起されて久しいですが、それは取りも直さず、言葉を交わす場面が減ってきていることが原因だと思います。幼いころから人を気づかう優しい愛情豊かな言葉の中で育てられてこそ、人と人との絆《きずな》も強めることができ、人間としての機微《きび》も察することができると思います。

また、私たちは、朝目が覚めてから夜寝るまでの間に、「アレにしようか、コレにしようか」という選択をいくつもしています。「朝食はごはんにしようか、それともパンにしようか」「あの人に声を掛けようか、掛けないでおこうか」など、多い人は一日に二千回ほど選択をするといわれています。

そして、どちらを選ぶかは、すべて私たち自身が決めています。ややもすると、自分にとって有利なことしかしないというエゴに走りがちな生き方が、社会に大きな悪影響を与えてきたのではないでしょうか。

現代社会の歪《ゆが》みを正し、家庭や地域の治まりと安らぎを得る第一歩は、まず言葉から。それは、あいさつであり、心のこもった愛情深い思いやりのある言葉であり、魂に響く言葉であると、私は確信しています。

人をたすける言葉、人を勇ませる言葉、人を喜ばせる言葉は、老若男女《ろうにゃくなんにょ》、誰《だれ》にでも、どこでも、いかなる境遇でも掛けることができます。

さらに、そのような言葉は、聞く人にとっては肥《こ》やしとなる素晴らしいエネルギーを持っています。言い換えれば、私たちは、人の運命をも変えるほどの言葉という大きな力を持っているのです。まさしく「声は肥《こえ》」とお教えいただくところです。「一瞬が生涯」の言葉。生涯を通して、その場面場面で一度でしかないチャンスに、むごい言葉を出したりせず、お互いの人生の肥やしとなるような、いきいきとした言葉を掛けていきたいものです。

百円の指輪で喜べますか？

永井芳樹《ながいよしき》
昭和25年生まれ　愛知県豊橋市《とよはし》
愛一《あいいち》分教会長、愛静《あいせい》大教会役員
岡崎《おかざき》医療刑務所教誨師《きょうかいし》

最近の世の中を見ていますと、人生を明るく暮らそうと思って努力されている方はたくさんおられます。しかし、明るく暮らすには、どことなく難しい世の中になってきたように思えてなりません。

原因はいろいろあると思うのですが、その一つに、心を上手《じょうず》に使えなくなったことが挙げられると思います。明るく暮らすには難しい世の中だからこそ、一人ひとりが心の使い方に少し注意を払ってみてはどうでしょう。

さらには、心の使い方を意識することによって、人生をもっと明るく暮らすことができるのではないでしょうか。

では、この心の使い方とはどんなことをいうのでしょう。

以前、心の動きは一日に千回ほどコロコロ変わるから心なんだと聞いたことがあります。嬉《うれ》しくなったり、悲しくなったり、怒ってみたりと、一日のうちに心は次々と変わっていくようです。

そこで、ある家庭のご主人の心の動きを、少しだけ追ってみました。

朝、ご主人が寝ています。奥さんは、最初は優しく何度も声を掛けますが、ご主人はなかなか起きません。たまりかねた奥さんは、とうとう大声を張り上げます。するとご主人は、起きるには起きましたが、「もう少し優しく起こせんのか」と不機嫌になりました。ご主人が朝起きて最初に使った心は、怒りの心です。

そんなご主人に、子どもが「お父さん、きょうも仕事頑張ってね」と声を掛けてくれました。それを聞いた途端、さっきの怒りはどこへやら、「よし！　きょうも頑張るぞ」という心にコロッと変わります。二回目に使った心は、勇む心です。

けれども、このご主人、朝食を食べながら、ふと会社のことを思い出しました。「夕べは、つい誘われて飲みに行ったけど、やっぱり残った仕事を昨日《きのう》のうちにやっとけばよかったかなあ」と、また心が変わります。三回目に使った心は、悔《く》やむ心です。

このように、たった十分から二十分の間に、怒ってみたり、勇んでみたり、悔やんでみたりと、心はコロコロ変わっていきます。こんな調子で一日を過ごせば、何回ぐらい心は変わるのでしょうか？　計算するのも億劫《おっくう》になるほどです。「一日に千回心が変わる」ということも、あながち嘘《うそ》ではないようです。

しかも、この「心」というものは、目には見えません。もしも心が見えたらどうなるか。ありえない話ですが、考えたことがあります。

昔から「思っていることが顔に書いてある」とよく言います。たとえば、私が一生懸命に話をしている最中、聞いている人の額《ひたい》に画面が現れ、心の動きが文字になって、「この人の話はつまらないな」と表示されたとします。それを見た途端、私は話を続けることができなくなるでしょう。

逆に、私の額に「皆さんは話を聞いてくださっているようだが、反応が鈍いな」などと心の動きが出れば、「一生懸命聞いているのに、鈍いとは何ごとだ！」と、聞いている人は怒って帰ってしまうに違いありません。

また「あなたに会えて嬉《うれ》しかった」というような、良い心の使い方であったとしても、心の動きが目に見えてしまうと、お互いどことなく、ぎくしゃくしてくるでしょう。

何はともあれ、心は目に見えないほうがよさそうです。

しかし、たとえ心は目に見えないからといって、自分の都合のいいように、わが身勝手に使っていたら、陽気な暮らしは望むべくもありません。

心の上手な使い方について、こんな話もあります。

最近、巷《ちまた》で百円ショップというのがたくさんあります。あるご主人が、そこで買い物をしているとき、なかなかおしゃれな指輪を見つけました。

結婚以来、ご主人は奥さんに一度も指輪なんて買ってあげたことがありません。指輪を手に取り、「うちの家内に似合いそうだな。値段は百円と安いが、心を込めてプレゼントしよう」と、その指輪を買って帰り、ころ合いを見て奥さんに渡しました。奥さんは、その指輪を見て言いました。「この指輪、どこで買ってきたの?」。ご主人は正直に「そこの百円ショップ」と答えました。

さあ、ここからが問題です。

このとき、奥さんが「どうもこの指輪、安っぽいと思ったけど、どうせ私の値打ちは百円しかないのね!」と血相を変えて怒るのか、それとも「いままで指輪なんて買ってくれたこともなかったのに、たとえ百円の指輪でも、私のために買ってくれてありがとう」と感謝をするのか。奥さんの態度によっては、今後の二人の人生に少なからず影響が出てくるのではないでしょうか。

物を贈ったときに、嫌《いや》な顔でもされたら、もう二度とあげる気はしないものです。どんな粗末なものであっても「嬉しい、ありがとう」と喜んでくれたら、この次はひょっとすると、うんと奮発して、十万円の指輪になるかもしれません。

指輪だけでなく、どんな物でも、その物にこもる心と、渡す人の心を上手《じょうず》に受け取ることが大切だと思います。


文豪・夏目《なつめ》漱石《そうせき》が、「ある人は十銭を以《もっ》て、一円の十分の一と解釈する。ある人は十銭を以て、一銭の十倍と解釈する。同じ十銭でも、人によって物の値打ちが高くも低くもなる」と書いているのを読んだ記憶があります。

現在の貨幣《かへい》価値で表現すれば、千円をもらって「なんだ、一万円の十分の一しかないのか」と文句を言うのか、それとも「すごい！　百円の十倍もある」と喜ぶのか、ということでしょうか。

どちらの心の使い方を選ぶかによって、その人の運命は大きく変わってくるように思います。

たとえ喜べないような事柄であっても、心を喜ぶ方向へと上手に向けていけば、自然と喜べる事柄が見えてくる。そして喜ぶという心の使い方によって、物の価値も人の値打ちも上がってくるはずです。

人間の生きる目的は、陽気に暮らすことにあります。それにはまず、何を見ても何を聞いても喜ぶ心をつくることから始めましょう。そして、周りの人々に心を合わせ、嫌なところを見ずに、良いところを見つけるよう、上手に心を使いましょう。

心は目には見えません。見えないからといって心を疎《おろそ》かに使わず、もっともっと大切に使いたいものです。

心一つで、陽気ぐらしを。

徳人は一日に十四回笑う

宇恵義昭《うえよしあき》
昭和11年生まれ　奈良県天理市
共成《ともなり》分教会長、五條《ごじょう》大教会役員
奈良少年院・少年刑務所教誨師《きょうかいし》、天理警察青少年補導員協会会長

皆さんは毎日、笑いのある明るい生活をしていますか。私は、幸せな人生を送るためには、笑いは欠かすことのできない大切な要素だと思っています。不満や悩みのある暗い生活では、決して笑いは生まれません。

悩みから脱出できない日本の現状は、自殺者が年間三万人以上いることからも分かります。かつて「交通戦争」といわれた死亡者の三倍以上に上っているのです。

自殺の原因は人間関係のトラブル、うつ病や生活苦など、いろいろありますが、詰まるところ、プラス思考ができないことが要因だと思えてなりません。

一方、世界に目を向ければ、災害や地域・民族紛争もさることながら、飢餓《きが》による死者も後を絶ちません。どの国も安心・安全・平和を望んでいるにもかかわらず、笑いのある生活がままならないのは、何が原因なのでしょうか。

ひと言でいえば、人間の価値観による結果だと私は思います。それは「いまさえ良ければ」「わが身、わが家、わが国さえ豊かになれば」という、自己中心的な心が強く働いているからではないでしょうか。

私は、明るい笑いのある幸せづくりには、三つの要素が大切だと思っています。

その第一には、まず健康です。肉体の丈夫さだけではなく、心の強さ、慈《いつく》しむ心、さらには、丈夫な身体《からだ》に感謝し、社会に奉仕する行動ができることだと思います。

二つ目は、生活の安定でしょう。そのためにはお金も必要です。しかし、お金を得ることばかりに神経を使っていては笑いは生まれません。むしろ、少ないお金をどう使うか、何に使うかによって喜びが変わってきます。人間は生きるために食事をしますが、どんなご馳走《ちそう》を食べても、排泄《はいせつ》できなかったら病気になり、やがては死を迎えなければなりません。お金も同様、出してこそ値打ちが生まれてくるのです。

三つ目は、これはなんと言っても人間関係です。それは言うまでもなく、私たちは人間社会で生きているからです。夫婦、親子、友人、隣人、職場の上司・部下・同僚など、人間同士のコミュニケーションは最も大切です。その人間関係の基本は夫婦にあります。夫婦が「おまえのおかげだ」「いいえ、あなたのおかげよ」と五分五分の心づかいで互いに感謝し合えるなら、家庭の中に明るい笑いの元が生まれてくるはずです。

また、「長生きしたい」とか「子孫を増やしたい」とか「周囲に認められたい」という、動物的な本能だけの欲望では、笑いが生まれてくるはずもありません。自然の恵みに感謝し、お互いに、いま生かされていることを喜び、見えてきたこと、成ってきた事柄を素直に受けとめて、できる限りストレスを溜《た》めない努力をすることが大切だと思います。

これは、罪を犯したある少年の話です。この少年は仲の悪い両親のもとで育てられました。また、少年が失敗するたびに「おまえはだめな奴《やつ》だ」と言われ、暗い生活を送ってきたせいで、自分はいま刑務所に入っているのだと言うのです。

ところが、施設で教育されていくうちに、おばあちゃんに初めて褒《ほ》めてもらったことを思い出し、懐かしくて胸が熱くなったと言うのです。私はこういう話を聞くと、笑顔で褒めるのは本当に大切なことだと実感します。イヌやネコなどの動物が笑ったという話は聞いたことがありません。人間は唯一、笑うことのできる動物ではないでしょうか。笑いは子育てにも大切な要素の一つだと思います。

そこで、簡単な笑い方の訓練法をお教えしたいと思います。

笑いには大中小があります。まず、小の笑いは、息を腹いっぱい吸って「ハッハハハ」と息を出しながら笑うのです。次に、中の笑いは、最初に「ハーッ」と出して、小の笑いの「ハッハハハ」を続けるのです。大の笑いは、最初に「ハーーー」とできるだけ伸ばし、息が切れる寸前に、小の笑いの「ハッハハハ」を続けます。いずれも腹式で息を出しながら笑うのです。このハーが長ければ長いほど、健康だという証《あか》しです。

長い息は長生きに通じます。実は、笑いは病気を防ぐ免疫力が高まる妙薬だといわれています。笑いは子育てにも絶対不可欠であり、また、人間関係もスムーズにしてくれます。私は時々、一日に小の笑いを十回、中の笑いを三回、大の笑いを一回、合計十四回笑う訓練をしています。笑うと自然に心が勇んできて、気力が湧《わ》いてくるのです。

徳という字は、行人偏《ぎょうにんべん》に十四の心と書きます。一日十四回笑っているうちに、人徳を積める門口《かどぐち》に立つことができるのではないでしょうか。

愚痴《ぐち》や不足は捨て去り、広い大きな心になって、大いに笑って健康で明るい家庭を築きましょう。

言葉は最高のアクセサリー

伊藤通友《いとうみちとも》

大正13年生まれ　愛媛県西条市《さいじょう》
千町山分《せんちょうやま》教会前会長、川之江《かわのえ》大教会准役員
西条刑務支所教誨師《きょうかいし》会会長、松山《まつやま》刑務所教誨師

先日、ある本の中で素晴らしい一節を発見しました。

「言葉のおしゃれは、タダで手に入る最高のアクセサリー」

この一節を読んで、私は「言葉というものは大切なんだ」と再確認しました。

こんなことがありました。講演会でお話をさせてもらったときのことです。まず

最初に、こう言いました。

「私は、刑務所へ行きました」

すると、会場の一番前に座っておられたお嬢さんが、私の顔をジロジロと見るのです。そのお嬢さんの顔には「この人、刑務所へ入るような、どんな悪いことをしたんだろう?」と書いてあるのが分かりました。

そのとき、私は「ああ、しまった。言葉のおしゃれは難しいな」と思いました。実は、私は刑務所に行って俳句の指導をしているのですが、そのことを先に言わず、いきなり「刑務所へ行きました」と言ったものですから、お嬢さんはびっくりしてしまったのでしょう。言葉のおしゃれができていなかったのです。

日本には素晴らしい言葉のおしゃれの文化があります。その一つが俳句です。

私は昭和二十二年から毎月、刑務所へ出向き、受刑者に宗教教誨《きょうかい》と、五年前から俳句の指導もしています。

ここで、昨年三月に受刑者が作った俳句を、いくつかご紹介しましょう。俳句には季節を表す言葉、季語を入れることになっていますので、三月はひな祭りや春雨《はるさめ》を季語として作ってもらいました。

我が心　春雨の中　闇《やみ》の中

春雨や　しんみり思う　母のこと

悲しみが　染み込んでくる　春の雨

このように、受刑者たちは俳句を通して自分の心の内を私に訴えてきます。なかには、こんな凄《すご》い俳句もありました。

ひな祭り　雛壇《ひなだん》こかし　血祭りに

これにはびっくりしてしまいましたが、「誰《だれ》だ、こんな俳句を作ったのは！」というように怒ることはしません。

「いやあ、この俳句は五・七・五のリズムがよくできているよ」と褒《ほ》めました。

というのも、私は無条件に積極的に相手の言うことを尊重し、「ああ、そうかあ」と共感して、自己一致することで、心の病をもつ人がだんだん良くなってきたという体験があったからです。

すると、一人の受刑者が明るい声で「ハイ、その俳句は僕が作りました」と手を挙げたのです。そこで私は、こんな話をしました。

「心が変われば、態度が変わる。

態度が変われば、習慣が変わる。

習慣が変われば、人格が変わる。

人格が変われば、人生が変わる」（スイスの思想家・詩人、アミエルの「日記」より）

彼は、この言葉を目を輝かせて聞いていました。彼の心の扉《とびら》が開くのが目に見えて分かったので、もう一つ話をしました。

いまから約十五、六年前に、アサヒビールの社長になった樋口《ひぐち》廣太郎《ひろたろう》さんの就任あいさつです。

「皆さん、ビールを売れとは言わない。朝、出勤のときには、両親に、奥さんに、あいさつをしなさい。出勤途中に出会った人にもあいさつをしなさい。きょう会社に出勤できたのは、両親はもちろん、目に見えないご先祖様のおかげと手を合わせなさい。青々と茂っている大きな樹木は、目に見えない根に支えられて大きくなっている。根を粗末にする者は幸せにはなれない」

この話を聞いてから、彼が作る俳句に変化が現れました。三月に作った「ひな祭り　雛壇こかし　血祭りに」から、五月には「母の日や　これからいつも　ありがとう」と、童心に返ったような俳句を作るようになったのです。

私は彼に、こんな話をしました。

「自分は、母を困らせてばかりいた。でも、小学校六年生のとき、一度だけ、母は私の頭を撫《な》でながら、涙を流して喜んでくれたことがある」

すると、七月の俳句には「ガマのごと　油汗して　反省す」と、反省という言葉が出てきました。

そして、一年たった今年三月、出所前の彼の俳句は、

卒業を　祝《ほ》ぎて色紙に　我が決意

彼は「私は母を泣かせてきました。大学も卒業させてもらいながら、感謝するどころか『頼みもしないのに勝手に産んで、大学を卒業させるくらい親の役目だろう』と言って泣かせてきました。これから出所、卒業したら、母に泣いて喜んでもらえるようになりたいと思っています。この俳句は私の決意です」と、明るい言葉で語ってくれたのです。

「言葉のおしゃれは、タダで手に入る最高のアクセサリー」。言葉こそが、第一の宝物です。素晴らしい言葉で、素晴らしい世の中をつくり上げていきたいと思います。

〝三つの心〟で世の中を明るく

美並伸久《みなみのぶひさ》
昭和29年生まれ　奈良県田原本町《たわらもと》
多味《おおみ》分教会長、城法《しきのり》大教会准員、海外部東南アジア布教委員

現在は「平成の維新」といわれるほど、世の中の動きがとても早くなっています。十年ひと昔というのは、すでに古い話で、いまは一カ月、一週間単位で世の中が動いています。情報の氾濫《はんらん》は、私たちに選択の余地を与える暇がないくらいです。また、窃盗《せっとう》、詐欺《さぎ》、暴力、売春・買春、自殺、殺人などが私たちの身近なところで起き、戦争や自爆テロといった国外のニュースも頻繁《ひんぱん》に耳にするようになりまし

た。

さらに、不登校児の問題は相変わらず深刻で、修学・就職意欲のない「ニート」と呼ばれる若者が百万人を超えようとしています。自己主張が強く、人の話に耳を貸そうとしない、協調性のない自己中心的な考え方をする人たちが多くなってきているることも、大変悲しい現実です。

そのうえ、地震や津波、台風の被害が重なるなど、人間の心のありように比例するかのように、自然にも異常が見られます。

このままでは、世の中はどんな方向へ進むのだろうと不安になってきます。

「故《ふる》きを温《たず》ねて新しきを知る」という言葉があります。いつの世にあっても、過去を振り返り、いまの世の中に欠けているもの、消えかかっているものを再発見し、復元して現代に活《い》かしていこうという言葉です。

では、いまの世の中に欠けているもの、もっと世界に広めなければならないもの、実行しなければならないものとは何でしょうか。

私は、心の使い方だと思います。それも「感謝の心」「慎《つつし》む心」「たすけ合う心」の三つの心の使い方だと思います。

まず、最初は「感謝の心」です。

近所に住む九十五歳になるおばあちゃんは、朝起きると日の出に向かって手を合わせ、家の神様に手を合わせ、ご先祖様に手を合わせ、「ありがとうございます」と感謝することから一日が始まります。寝るときは、神様に、ご先祖様に、夜空の月に、そして家族や、きょう一日の中で出会った人々に手を合わせ、「ありがとうございました。皆さんのおかげです」と感謝して、一日を終えられます。

感謝の心で暮らしていると、人や自然など、自分を支え包んでくれるすべてのものに対して優しくなれます。感謝の心は調和の元なのです。ですから、「ありがとう」という言葉を使って、感謝の心を表すことが大切だと思います。

次に、「慎む心」です。

慎むとは、対人関係でいうならば、自分のわがままな心を出さないようにするということ、「自分が上で相手が下」という考えではなく、相手を重んじて行動するということです。

私たちは、自分の意見をはっきり人に伝えることができます。これはとても良いことですが、一方的に自分の思いだけを主張したり、自分の要求だけを押しつけ、相手の意見や忠告を全く聞かない人がいます。先手必勝ではありませんが、自分が悪くても、まず自分の意見だけを無理にでも押し通そうとする人もいます。

そうすることが当然だと思う人が多くなるのは、悲しいことです。それが原因で、たくさんのすれ違いが起きます。もめごとの元にもなります。

しかし、人の意見に耳を傾ける広い心を持てば、みんなが気持ちよく過ごすことができます。「すみません」という慎む心で、互いに相手を思いやることができるのです。

最後に「たすけ合う心」です。

こんな話を聞いたことがあります。ある保育園の園長先生が「みんなが幸福《しあわせ》になるにはどうしたらいいですか?」と園児に聞いたところ、一斉に「みんなが仲良くたすけ合うことです」と答えたそうです。

私は、当たり前の答えではあるけれど、大変難しい問いに、いとも簡単に答えた園児たちのきれいな心に驚きました。

いまでは考えられませんが、祖父母と両親がいて、兄弟が十人もいるような大家族が、食べる物がない中を互いに分け合ったり、隣近所がたすけ合って生活していた時代がありました。いまはどうでしょう。

「Give《ギブ》 and《アンド》 Take《テーク》」という言葉を耳にしたことがあると思います。確かに、たすけ合うという言葉の中には、Give(与えること)とTake(得ること)が共存していますが、見返りを求めるたすけ合いには、おのずと限界があります。なぜなら、人は自分の行動をだんだん過大評価してしまい、より多くの見返りを望むようになってしまうからです。もしかすると、見返りがないと何もしないという人も出てくるかもしれません。

園児たちが答えた「仲良くたすけ合う」という言葉と、Give and Take は明らかに違います。園児たちの答えには、お互いが見返りを求めず、相手のことを考え、人のために動くという意味が込められていると思います。

「おかげさまで」という見返りを求めない心づかいこそ、たすけ合いにつながる心だと思います。


さて、私たちは「蒔《ま》いたる種はみな生える」と教えていただいています。種は正直です。野菜の種を蒔けば野菜ができます。花の種を蒔けば花が咲きます。ニンジンの種を蒔いてキュウリができることはありませんし、ヒマワリの種を蒔いて他の花が咲くこともありません。その種が持っている性質が現れてくるのです。

私たちが教えていただいた種というのは、私たちの心の使い方と行いです。

私たちは、過去から未来への長い道のりの中の、今という一点を生きています。

過去があるから今があり、今があるから未来があるのです。このことを考えると、未来への種となる心の使い方は、とても重要だということが分かってきます。

心というものは、自分が思うように自由に使うことができます。そして、良い使い方をすれば良い未来が、そうでない使い方をすれば、そうでない未来がやって来るのです。

自由な心の使い方を「感謝の心」「慎む心」「たすけ合う心」にバージョンアップさせて行動してみてください。そうすることで、自分と家族と友人の、ひいては世界中の未来を明るくする元がつくられると思います。

混迷の時代こそ家族のたすけ合いを

高橋和夫《たかはしかずお》
昭和20年生まれ　東京都世田谷区《せたがや》
千山《ちやま》分教会長、牛込《うしごめ》大教会准員
保護司、介護施設「千山の里」理事長

私は子どものころ、空に向かってシャボン玉を飛ばしてよく遊んだものです。シャボン玉になる液は、台所で石鹸《せっけん》をゴシゴシ泡《あわ》立てて作りました。そんな遊びの中にも、工夫をして作り出す楽しみのようなものがあったと思います。

いまはシャボン玉の液も、お店でお金を出せば簡単に手に入ります。その意味で最近は、物を作り出す楽しみが減ってきたのではないでしょうか。

私の子どものころは戦後の混乱期でした。幼い記憶の中にも、病気で苦しんでいる人や、人間関係で悩んでいる人の姿が数多くあります。もちろん、病気になりたくてなった人や、わざわざ人間関係を複雑にしようと思った人はいなかったことでしょう。しかし、当時は物が不足し、その日の食事にも事欠く毎日でした。衛生状態も悪く、結核が猛威《もうい》を振るっていました。さらに、結核に対する偏見から生まれる、人間関係の悩みもありました。

そんな中にあっても、人々は希望を捨てず、夢を描き、輝きを求めていました。そして、国民一丸となった努力によって、戦後の復興は見事に成し遂《と》げられたのです。

なかでも、私の脳裏に一番焼きついているのは、昭和三十九年の東京オリンピックです。この一大イベントの開催に向けて、「夢の超特急」といわれた新幹線が開通し、高速道路が縦横に延びるなど、日本は目覚ましく発展していったのです。

しかし、良いことばかりではありませんでした。その急激な変化が、人間生活の目標を狂わせ、見失わせるという状況を生み出すきっかけとなってしまいました。

高度経済成長の陰で、学歴社会や受験戦争が起こるなど、社会は混迷し始めました。そして、近年のバブル崩壊後は、リストラの名のもとに、大勢の人たちが職を失いました。また、学校でのいじめや不登校の問題など、子どもたちの生活も不安定になりました。さらに近ごろでは、信じられないような事件や事故が多発しています。社会全体が、かつての明るい暮らしから、だんだんと離れていくように思えてなりません。

しかしながら、ほとんどの家庭では、明るく陽気な生活を目指して、家族がたすけ合っているのも事実です。

こんなことがありました。私の近所に住む中学生の女の子は、毎日元気に学校へ通っていたのですが、仲良しだった同級生との、ほんのわずかな言葉の行き違いから、同級生の態度が急変し、いじめにまで発展してしまったのです。それでも女の子は、いつかまた元の仲良しに戻れるだろうと信じていました。けれども、同級生によるいじめはどんどんエスカレートしていき、耐えきれなくなった女の子は、とうとう不登校になってしまったのです。

ご両親にしてみれば、あんなに仲良しだった同級生から娘がいじめられるとは思ってもみないことでしたが、それが現実でした。しかし、不登校になった娘に対して、両親は実に根気よく愛情を注ぎ、優しい言葉を掛け続けました。

そんななか、父親が心筋梗塞《こうそく》で倒れ、緊急入院してしまいました。そのとき女の子は、自分が不登校をしている最中にも、優しい心と言葉で接してくれた両親の深い愛情に初めて気づき、心から感謝しました。まさに、両親の思いが女の子に通じた瞬間でした。

女の子は、なんとか父親にたすかってもらいたい、元気になってもらいたいと毎日真剣に祈り、病院へ通いました。おかげで、父親は九死に一生を得て無事退院し、仕事にも復帰しました。これをきっかけに、女の子もいままで以上に明るくなり、元気に学校へ通っています。

このように、お互いが信じ合い、補い合い、たすけ合うという心があるからこそ、私たちは明るく陽気な生活が営めるのではないでしょうか。

そして、周囲の変化に目を奪われて、大事なものを見失うことなく、人生の目的や夢や希望を持ち続けることが大切だと私は思うのです。

地球と身体に働く火水風

堀田利行《ほったとしゆき》

昭和21年生まれ　名古屋市天白区《てんぱく》
大名分教会長《だいめい》
名古屋家庭裁判所参与員、名古屋保護観察所保護司

二〇〇五年、三月二十五日から九月二十五日までの半年間、愛知県で日本国際博覧会「愛・地球博」が開催され、世界中から連日たくさんの人々が会場を訪れました。

この「愛・地球博」は、「自然の叡智《えいち》」というテーマのもと、期間中いろいろな催しがあり、「天然自然の優《すぐ》れた叡智が、人間に何をしてくれるのか」、あるいは

「人間が自然に対し、何をすべきなのか」ということなどが語り合われました。

また、サブテーマの一つに「宇宙・生命と情報」があり、地球をはじめとする太陽系の成り立ち、そして地球における生命の発生と進化について、コンピューター技術を駆使した臨場感溢《あふ》れるパビリオンなど、宇宙と生命に関《かか》わるたくさんの展示がありました。

さて、人類史上初めて宇宙空間に出たユーリ・ガガーリンの「地球は青かった」という言葉は、皆さんもご存じだと思いますが、この地球の青さは、水と大気がつくり出したものです。

果てしない宇宙の暗闇《くらやみ》に、ぽっかりと浮かび上がる青い地球の写真を、誰《だれ》もが一度は見たことがあるでしょう。宇宙飛行士は皆、「この美しい地球にこそ生命が存在する」ということを実感したといいます。

そして、この地球上に溢れる生命は、太陽のエネルギーによって生存してきたといわれています。

地球は、太陽の周りを回っている惑星の一つです。

金星は地球とほぼ同じ大きさだそうですが、地球より内側を回っているため、太陽に近すぎて、気温はなんと四〇〇度以上という灼熱《しゃくねつ》の惑星だそうです。また、地球より外側を回っている火星は、逆に太陽から遠すぎて零下《れいか》の世界といいます。地球の位置は、太陽エネルギーが程よく届く距離なのです。

地球が他の太陽系の惑星と決定的に違うのは、海、つまり水があることです。水がなければ、生命の発生と進化はありませんでした。地球の表面の大部分を覆《おお》っているこの水が、生命の源《みなもと》だといわれています。

そして大気。すなわち空気、風です。大気は、地球の表面を厚さ約二十キロの層で覆っているそうですが、地球規模から見ると、本当に薄い膜だそうです。しかし、この大気がなければ、生物は命を維持することができません。

太陽エネルギーの火の働き。生命の源の水の働き。そして大気、風の働き。これらの条件が、すべてバランスよく保たれている唯一の星が、私たち人類の地球なのです。地球環境は、この火・水・風の働きによって守られているのです。

ところで、以前のテレビで『驚異の小宇宙・人体』という番組がありましたが、まさしく私たちの身体《からだ》・人体は、あの大宇宙と同じく、偉大なる働きによって司《つかさど》られ、人間は生かされています。

人間が生きていくためには、水や食物を摂《と》り、体内で吸収し、必要のないものは体外へ排出します。いわゆる新陳代謝《しんちんたいしゃ》を繰り返して成長・発育するのです。そして、時が来れば、その命を終えることになります。

「心臓の停止」「瞳孔《どうこう》の拡散」そして「呼吸の停止」。この三つをもって〝死の定義〟とされてきました。

人体における火の働きである〝ぬくみ〟は、心臓から送り出される血液が、酸素と栄養を体中の細胞に隈《くま》なく行き渡らせることによってもたらされ、その生命を維持しています。また、人間の体温の平熱は三六度五分ですが、赤道直下の暑い地域や、南極や北極の極寒《ごっかん》の地へ行きましても、私たちの体温は三六度五分に保たれています。これこそまさに、ぬくみの働きです。ですから、このぬくみの元である心臓の停止は、そのまま死を意味するのです。

次に、水の働き。人体の六五〜七〇パーセントは水分で、人はその水の働きで生命を維持しています。そして、その代表的な働きが目の潤《うるお》いです。ネコの目を暗いところで見ると、瞳《ひとみ》を大きくらんらんと輝かせますが、明るくなると、瞳はすっと細くなります。しかし、亡くなった方の目に光を当てても、なんの反応もありません。いわゆる瞳孔の拡散です。これも、死の定義の一つとされています。

最後に風の働き。これは言うまでもなく、呼吸です。酸素を吸い、二酸化炭素を吐《は》くという、まさに人体における風の働きが停止した状態が呼吸の停止です。

この火・水・風の三つの働きの停止をもって、人間の約束事として〝死〟と認めてきたのです。

二十一世紀は「環境の世紀」だといわれています。地球の温暖化、人口の爆発的増加、地球環境の破壊など、こうした問題は決して他人事ではなく、私たち一人ひとりが〝我がこと〟として考えていかねばなりません。

冒頭の愛・地球博のテーマ「自然の叡智」「宇宙・生命と情報」でも取り上げたように、この大宇宙に浮かぶ生命の宿るこの地球環境も、そして小宇宙である私たちの身体も、火・水・風の働きによって守られ、生かされているということを、お互いにいま一度考えたいものです。

かりものの人生を生きる

吉澤《よしざわ》　譲《ゆづる》

昭和20年生まれ　新潟市
新津《にいつ》分教会長、新潟大教会役員、新潟教区長
前新潟県同宗連議長、保護司

かなり昔のことですが、ある新聞に「将来、人間が人間をつくることができるとしたら、男性と女性、それぞれいくらくらいの値段でできるか」という記事があり、男性は十五億円くらいでできるだろうとのことでした。

では、女性はいくらでできるかといえば、目、耳、鼻、口、両手、両足、また胃袋、心臓、筋肉、骨などは男女とも同じで、赤ちゃんができるかできないかだけが

大きく違うわけですから、「男性が十五億円なら、女性は二十億円くらいかな」と私は思ったのです。ところが、その新聞には、女性は六十億円くらいかかると書かれていました。つまり、女性は男性の四倍も高いのです。

「なぜだろう？」と私は思いました。そして、自分なりに気づくことがありました。それは「男女の値段の違いには、身体面だけではなくて、心や考え方という精神面も入っているのではないか」ということです。

たとえば、人の話を聞いているとき、男性はおそらく、その話が面白《おもしろ》いか面白くないか、ためになるかならないか、つまり二者択一で聞いていると思います。面白くない、ためにならないと思ったら、聞くことをやめるのです。男性は単一思考なのです。

しかし、女性は違います。面白くても面白くなくても、ためになってもならなくても、聞いているふりができます。話を聞きながら、「きょうはお昼から何しようかしら？」などと、ほかのことを考えることができるのです。男性の単一思考に対して、女性は多岐思考だと思います。

この違いは、いわば男性と女性のものの考え方、心の特性から来ています。ですから、この特性を頭に入れて付き合うと、結構面白いんです。

たとえば、スーパーへ買い物に行くとします。男性は、買う食材を決めたら、メモなりを持って、目的の物しか買いません。でも、女性は違います。スーパーへ行ったら、いろいろな食材を見て、その場でいろいろ考えて、そのときの思いつきで買うこともあるのです。

また、食材コーナーには試食品があります。私が妻の買い物についていくと、「お父さん、これ珍味よ」と言って、行くところ行くところ、全部のコーナーで私に試食させます。こんなとき、「なんか恥ずかしいなあ。さっさと決めてくれよー」と、愚痴《ぐち》の一つも言いたくなるのが男性です。

ところが、男性と女性の考え方の特性をよく考えて、「私に試食させておいて、夜のおかずを節約しようと思っているのかな?」とか、「いやいや、愛する私に、

人生は〝借りること〟から始まる

世の中の美味《おい》しいものをタダで食べさせてあげようと思っているのかもしれないな」というふうに思ったりすると、腹が立たないものです。

だから、こんなふうに相手の心の特性を考えて付き合えば、腹も立たず、夫婦円満な陽気ぐらしができるのではないでしょうか。

ところで、人間の身の周りにあるもので、いずれ自分から離れていくものは、すべてが借りものだと私は思います。

まず人間は、オギャーと生まれて最初

に何を借りるかというと、それは両親です。そこに、お兄ちゃんお姉ちゃんがいれば、兄弟を借りることになります。二、三歳になりますと、知恵を借ります。知恵というのは、借りものではないと思うかもしれませんが、年を取ると物忘れが出てきます。だから、知恵も借りものなのです。その後、成長して学校を卒業すると、職場や立場を借ります。そして、人生の伴侶《はんりょ》を借りて結婚します。

だいたい、人間は生まれてから四十五歳くらいまでは、いろいろなものを借りる一方で、四十五歳くらいからは、それを返し始めます。

私の場合、二十六歳のときに父が亡くなったので、親を返しました。五十三歳のときに娘が嫁ぎましたので、娘を嫁ぎ先にお返ししました。そして、職場を返し、立場を返していくことになります。

先ほど、人間が生まれたときに最初に借りるのは両親だと言いましたが、本当は、その前に借りるものがあります。それは身体《からだ》です。そして、一番最後にお返しするのも、この身体なのです。

人間は、魂と肉体からできています。魂が身体という着物を借りて生まれてくるのです。冒頭のお話でいいますと、男性が十五億円、女性が六十億円の着物、それが私たちの身体です。しかも、この値段はかなり以前に付けられた値段です。最近では、人間の身体は六十兆個の細胞からできているといわれていますから、仮に一つの細胞を一円としても、人間は六十兆円もするような、高価な身体をお借りして生きているといえます。

そして、そんな大変値打ちのある身体を、私たち人間一人ひとりにお貸しくださされているのが、神様なのです。

考えてみると、人間として生まれようと思って生まれてきた人はいません。また、男性として生まれたい、女性として生まれたいと思って、性別を選んで生まれてきた人も、この世の中には誰《だれ》もいないのです。

ですから私は「人間とは、生きているのではなくて、生かされているんだ。ならば、生かされるままに生きていたら、楽しいんじゃないかな」と思うのです。

そして、自分を含めた身の周りの〝かりもの〟に感謝し、神様から貸し与えられたお互いの特性を理解し、思いやることで、喜びずくめの陽気ぐらしができるのではないかと思っています。

第二章

絆

きずな

心のふるさとがありますか？

井筒《いづつ》正孝《まさたか》

昭和10年生まれ　青森県黒石《くろいし》市
黒石分教会前会長、津軽《つがる》大教会役員、青森教区長
元黒石市教育委員

木々の緑がまぶしい初夏のある日、その命輝く風景とは裏腹に、衝撃的なニュースが列島を走りました。秋田県北部の町で、三十三歳の女性が、近所の小学一年生の男の子の遺体を捨てたという容疑で逮捕されたのです。間もなくして、その子を殺害したことも自供しました。そして春には、小学四年生になる彼女自身の娘が川で死んでいたことも明らかになりました。

この事件に限らず、近年、子どもが被害に遭《あ》う事件が方々で起きています。また、子が親を殺す事件も増えています。テレビで知ったのですが、最近わが国に起こる殺人事件の一割が親殺しだと聞いて、驚いてしまいました。

いまの子どもたちの親が子どものころは、日本の高度経済成長のド真ん中でした。街にも家にも物が溢《あふ》れ、半面、日本中あちこちで家庭内暴力や校内暴力が起こり、「荒れる中学生」という言葉が時代の一面を象徴していました。

そしてそのころから、わが国の家族構成が大きく変わっていきました。「夫婦のみの世帯」「片親と子どもからなる世帯」「単独家族」などが年々増えてきたのです。なかでも「母親と子どもからなる世帯」が強い増加傾向を示すようになりました。女性の精神的・経済的自立の進行とともに、独身志向を背景にした離婚率の上昇、また未婚の母の増加が目立ってきたのでした。

女性が生活のために、あるいは何かの自己実現のために社会へ出て働く。それはそれでとってても大事なことでしょうが、その分、子どもが置き去りになっていないか気にかかります。

もちろん、昔だって多くの女性は働いていました。とくに農村や漁村では、女性は大きな労働力でした。ゆっくりとわが子の面倒など見ていられませんでした。しかし多くの家庭には、お祖父《じい》さんやお祖母《ばあ》さんがいました。また、隣近所や親戚《しんせき》の助け合いもありました。その分、さまざまなしがらみで煩《わずら》わしい面もあったでしょうが、みんなで子どもを育てるという土壌のようなものがありました。子どもたちは、そこで悪戯《いたずら》をして叱《しか》られたり、そして何よりも可愛《かわい》がられて、他人との間合いのとり方を学び、人間として大切なものを身につけていきました。そこは、いわば心のふるさとでありました。

今日、そうした子どもを育てる土壌があるでしょうか。もちろん母と子の家庭の多くは、堅実に懸命に日々の生活を営んでいるでしょう。しかし、もしお母さんが病気になったら、事故にでも遭ったら……。何かあれば、それをカバーする機能が働くのではなく、たちまち破綻《はたん》をきたすという脆《もろ》さが今日の家庭にはないでしょうか。

今日でも、親戚、近隣、友人、職場など、さまざまなネットワークがないわけではありません。しかし、そのことを煩わしく思う人も少なくありません。私たちはいつの間にか、人とのつながりよりも自分の思いを先に立てるようになってきました。それでは最終的には、孤立よりほかに道はありません。寒々とした家庭の姿が、それと二重写しになって見えます。

ニッセイ基礎研究所というところが興味深い調査をしました。四十三人の小学生にカメラを持たせ、自分の一日の生活を自由に写してもらったのです。一本のフィルムには平日の生活を、もう一本には休日のそれを記録して、合計千二百六十八枚の写真が集まりました。その結果、浮かび上がってきた子どもの姿は……

①子どもの生活の場面は学校、塾、家庭内に集中し、地域コミュニティーとの関《かか》わりはほとんど見られない。

②モノは写すが、生活する人間が出てこない。人との交流が見当たらない。友

達の家に遊びに行っても、友達と遊ぶのではなくてモノと遊んでいる。
③一人だけの食事。食卓風景よりもメニューに関心。
④遊び盛りの年ごろなのに、休日でも休日らしい解放感がない。
⑤父と母がひと組の夫婦として子どもの目に映っていない。子どもにとっての父、子どもにとっての母。とくに母親との強いつながり。

(『日本の家族はどう変わったのか』NHK出版)

これでは他人への思いやりなど出てきません。社会性が育ちません。

話は飛びますが、秋田県の女性が逮捕されたその翌日、もう一つ大きな出来事がありました。旧通産省の役人で、いまは巨額の資金をもって金融市場を操作している男性が逮捕されたのでした。逮捕される直前、彼は記者会見を開いて雄弁を振るいましたが、記者の質問に「法律に違反しないで金儲《もう》けをすることが、そんなに悪いことですか?」と開き直りました。「金儲けが悪いのではなくて、やり方がいけないのだ」と政府の要職にある人が反論していましたが、どうやら本人はピンとこないようです。有名な進学高校から東大法学部へと進んだ秀才でしょうが、人を思いやる心が育っていなかったのではないか。彼の心のふるさとは、小学生のころ親から指南を受けた金儲けの世界だったのでしょうか。

そこで、一つ提案があります。人間らしい心を育てるために、まずは子どもたちに言葉を掛ける運動をしませんか。お説教はいりません。「おはよう」「こんにちは」などの気持ちのいい言葉を、行き交《か》う子どもたちにいっぱい掛けるのです。心のふるさとづくり、それは大人も子どもも爽《さわ》やかな言葉の掛け合いから始まると考えるのですが、いかがでしょうか。

親の生き方を子どもに映そう

榮嶋憲和《えいじまのりかず》

昭和21年生まれ　奈良県桜井《さくらい》市
三輪《みわ》分教会長、櫻井《さくらい》大教会役員
月刊「心の小箱」編集長

世の中には争いごとが絶えません。特にいま、家の中での争いが問題です。夫婦で、あるいは親子で、お互いを殺《あや》めるというような悲惨《ひさん》な事件も少なくありません。

私は、ある少年に出会いました。ご両親ともに有名大学を出ておられる、立派な家庭の息子さんです。その少年は最初、ひと言も口をきいてくれませんでしたが、数カ月たって、初めて私に言った言葉があります。

「オレ、母さん殺したい。いいかな?」

私は驚き、ご両親に相談しました。初めは原因が分からないということでしたが、しばらくして、お母さんが打ち明けてくれました。

「実は、あの子を出産したとき、私は主人と別れるつもりでした。だから『この子が死んでくれたらいいのに』と、いつも思っていたんです」

「死んでくれたらいいのに」と母親が思っていたら、そんなことを教えたはずもないのに、子どもが「この母さん、死んでくれたらいいのに」と思うようになったのです。親の心の姿勢が、鏡のように子どもに映っているのです。

いま世間では、子どもをどのように育てたらいいのかということがよく話題に上ります。それも確かに大切ですが、親がどんな心構えでいるかが、子どもに大きな影響を与えるのではないかと思います。

なかでも、子どもに一番影響を与える親の心の姿勢とは何でしょうか。それは、

「うちのお父さん、お母さんは、何を目指して生きているのか」ということです。

私は以前、父に「お父さんは、何を目指して生きているんですか?」と聞いたことがあります。すると、今年九十二歳になる父は「生きている間は陽気にいきいきと通らせてもらいたい」と教えてくれました。つまり、「陽気ぐらしを目指している」と言うのです。

陽気にいきいきと、たすけ合って暮らせる世の中、そういう家庭を築きたい。これは、どなたでも思うことだと思います。

そんな陽気ぐらしの家庭を築き、陽気ぐらしの人生を送るには、まず三つの条件があります。

一つ目は、ご恩の分かる心を持つこと。この心を持っていなかったら陽気ぐらしはできません。

二つ目は、ご恩が分かるだけではなく、自分からも、人を喜ばせたり、たすけたりすること。

自分はご恩がよく分かっている。人の世話もよくしている。この二つで十分なようですが、これだけでは〝高慢〟という落とし穴にはまってしまうかもしれません。そこで、三つ目の条件は、慎《つつし》みの心を持つということです。この慎みの心がなければ、争いの元にもなりかねませんから、やっぱり陽気ぐらしはできません。

さらに、陽気ぐらしという目的地を目指すには、心だけではなく、道具がいります。その道具というのは、九つあります。九つも道具を用意するのは大変だと思うかもしれませんが、すでに私たちは、天然自然のうちにお与えいただいているのです。まずは目。次は耳。それから鼻、口、右手、左手、右足、左足。そして九つ目が、子孫繁栄のための男女それぞれの道具です。これらをどう使うかで、明るい人生にも、そうでない人生にも分かれるのです。

どれか一つでもいい、ご恩の分かる、人さまがたすかる使い方を、慎みを持って毎日するのです。そうすれば、目的地に近づいていきます。

たとえば口の使い方、つまり言葉の出し方です。明るい家庭を築くためには、まず夫婦からです。夫は妻に、妻は夫に対して、お互いのご恩を分かり、相手をたすけ、喜ばせる〝言葉〟の使い方を、慎みを持って実行するのです。

「おまえと結婚して本当によかった」

「あなたと結婚して本当によかったわ」

「きょうも疲れているのに、よく頑張ってくれてありがとう」

このように、お互いが一日に一回はお礼を言い合えばいいのです。

しかし、面と向かって言えないという人もおられると思います。そういう人は、どうすればいいか。そういうときは、周りの人や近所に言いふらしたらいいのです。

「うちの家内は、本当によくやってくれてますよ」などと。

この話を聞いて、悪い話だと思う人はおられないでしょう。でも、ほとんどの人は「なるほど、これはぜひ、夫に聞いてもらう話だわ」「うちのお嫁さんに」「いや、うちのお姑《しゅうとめ》さんに聞いてもらおう」と思ってしまいます。

つまり、自分より先に、人に実行させようとするのです。だから、いつまでたっても誰《だれ》も実行しない。それでは、目的地にたどり着きません。

解決する方法はただ一つ。一日に一回でいいから、この話を聞いた人自身が、相手を喜ばせる言葉の使い方を実行することです。

よく考えてみてください。もしかすると、私たちは「ご恩が分かっている」と思い込んでいるだけかもしれません。人さまのご恩は分かっている。社会のご恩も、親のご恩も、先祖のご恩も分かっている。しかし、それだけではだめなのです。それに加えて、天然自然、神様から与えていただいているご恩が分かってこそ、初めてご恩の分かった人間ということになります。

なぜなら、道具を使うのは誰ですか？　包丁《ほうちょう》で人を殺めたとき、それは包丁が悪いのではなく、使った人が悪いのです。自分の心で九つの道具を使うことで、明るい人生にも、そうでない人生にもなるのです。

責任は、自分の心にあります。たとえ、いま苦しくても、ご恩の分かる道具の使い方をする、その心づかい一つで、人生は明るく変わっていくのです。

私はいつも寝る前に、妻にマッサージをして、お礼を言っています。さらに、このことを近所に言いふらすのです。すると、家庭が明るくなるだけではなく、近所も明るくなってきたのです。

一人暮らしの方もお礼は言えます。お風呂《ふろ》を出るときに「結構なお湯でありがとう」と、お湯にお礼を言ってみる。食事のときには、ご飯にお礼を言う。寝るときには、天然自然のお働きにお礼を言って休ませていただいたらいいと思います。

誰でもお礼はできます。特に、天然自然のお働きには、いくらでもお礼はできます。この心が夫婦に治まり、親から子どもたちの心へと映っていけば、必ず明るい陽気ぐらしの家庭になると思います。

自分が変われば相手も変わる

山内宣暁《やまうちのりあき》

昭和19年生まれ　広島県東広島市《ひがしひろしま》
賀永《かなが》分教会長、名東《みょうどう》大教会准役員
広島刑務所教誨師《きょうかいし》、東広島市環境対策協議会委員

先日、ある老人保健施設で長年にわたり、たくさんのお年寄りのお世話に携《たずさ》わっておられる方から、こんな話を聞きました。

「お年寄りは、長い人生経験を積まれていて、いろいろなものを身につけておられる。しかし、それは老いと共にはがれ落ちていく。そのはがれ方には順序があって、外側から、まるでラッキョウかタマネギの皮をむくように、つまり後から身につけ

たものからはがれ落ちていく。ならば、最後まで残るものは何か。それは、生まれたときから幼児期にかけて身につけたものである」

私はこの話を聞いて、人間を人間らしくさせるもの、人格形成の根本は、幼児期の子育てにあることを、あらためて実感しました。

ところで、私は教誨師をしています。教誨師とは、刑務所や少年院などの矯正《きょうせい》施設で、収容者に宗教的な情操を与える役目です。私は毎月、刑務所に出向いていますが、いつも考えさせられることがあります。それは、収容者と個人面談をするとき、「あなたのご両親は?」「ご家族は?」と聞いてみるのですが、驚いたことに、ほとんどの人の家庭は、離婚などをきっかけに崩壊しているのです。

なかには、こんな人もいました。「俺《おれ》には初めから両親などおらん」と。つまり、物心ついたときには、施設に入っていたというのです。胸の締めつけられる思いがしました。

いま、子どもがキレる、子どもが危ないといわれていますが、果たしてそうなのでしょうか？　その前に大切なのは、お父さんとお母さんの愛情、信頼、夫婦の絆《きずな》ではないでしょうか。

そこで、夫婦の治まりの秘訣《ひけつ》として、提案したいことがあります。

まず、女性に対しては「世の奥さま方にとって、夫は頼る対象ではありません。男は頼るものではなくて、立てるものです。夫を立てて通れば、どんな中も丸く治まります」ということです。

次に、男性に対しては「世の夫は、妻を喜ばせる、勇ませる、ヤル気を起こさせる、その気にさせる、これが男のつとめです」ということです。

私はこれを実行しています。妻を怒らせて、ヒステリックにさせて困るのは、損をするのは誰《だれ》ですか？　私です。妻を勇ませ、喜ばせて、得をするのは誰ですか？　やっぱり、私です。

私がいつも親しくしているご夫婦がおられます。ご主人も奥さんも今年で七十八歳。お二人とも元気でとても仲が良いのです。私がその家を訪ねるときは、いつも駅まで送り迎えしてくださいます。ご主人が車を運転され、奥さんが助手席に乗られて、いつも安全確認をされています。

このご夫婦から聞いたお話の中で、感心したことがあります。今年の二月下旬のことです。奥さんが「山内さんは、この間のバレンタインデーにチョコレート、たくさんもらわれたんでしょうね」と言われるのです。

私はびっくりして、「えーっ、全然もらってませんよ」と答えると、「奥さんからも、もらえないんですか?」と聞かれるので、「ええ、家内からもらったことはありませんよ」と、そっけない返事をしました。

すると、奥さんは「私は毎年、主人にバレンタインのチョコレートをプレゼントしていますよ。義理チョコじゃありません。ウイスキーがちょっと入ったチョコレートを愛情の証《あかし》として贈っているんです。主人はとても喜んでくれまして、三月十四日のホワイトデーには毎年、きれいな花を買ってきてくれるんです」。

私はしばらくの間、開いた口が塞《ふさ》がらないというか、呆然《ぼうぜん》としていました。そして、なるほどと感心しました。愛情と感謝の証しのプレゼントは一つの形にすぎませんが、人を喜ばせることの大切さが伝わるエピソードです。


ところで、こんなこともありました。

街中で久しぶりに会った知人が、私を呼び止めました。立ち話の中で「いま時間が取れるか。ちょっと俺の話を聞いてくれ」となり、お茶を飲みながら話を聞くことにしました。

彼は六十歳を過ぎても健康で、経営しているコンビニエンスストアもけっこう繁盛しているというのに、いったい何を言いだすのかと思っていると、「結婚して、もう三十五年が過ぎた。でも、ここ数年、どうも女房との仲がうまくいかないんだ。女房に素直さがなくなった。可愛《かわい》げがなくなった。なんとかならんものだろうか？」と。こうした思いが、ずっと彼の胸につかえていたようです。

そんなある日。彼は、あるセミナーの広告が目に留《と》まったそうです。そのうたい文句は「夫婦の愛が蘇《よみが》える。取り戻せる」「人生が二倍楽しくなる」。

そのセミナーは、三日間の合宿で毎月開催されていて、費用は数万円かかります。彼は奥さんに、「費用も家のことも心配しないでいいから、このセミナーを受けてこい」と言いました。突然のことに、奥さんは困惑しながらも、夫の真剣な説得を仕方なく受け入れ、そのセミナーを受講しました。

彼は「セミナーから帰ってきたら、女房はどれだけ優しく、素直になっているだろうか」と期待していたそうです。しかし、帰ってきた奥さんは、こう言いました。

「あれは私の行くところではなかったわ。あなたが行くところだったのよ」

この話を聞いて、私はピンときました。

「いまの世の中、これが蔓延《まんえん》しているのではないだろうか？　みんながみんな、こんな思いでいるのではないだろうか？　悪いのは私ではない。原因はほかにある」

人より、まず自分を変える

と。

人が人を変えることは容易ではありません。でも、人は変わることができます。どうすれば変わるのでしょうか。それは、こちら側、自分自身が変われば相手も変わるのです。

それを「自分は悪くない。悪いのは向こうだ」と言って、相手を変えようとするから、うまくいかないのです。

こんな人がいました。「あいつ、目が合ったのに、あいさつもしない。生意気だ」と怒っているのです。

あいさつを自分のほうからしたらどう

なるでしょうか？　どんなに言葉少なで、どんなに変わっているといわれる人でも、こちらから「おはようございます」「こんにちは」とあいさつをしたら、相手もあいさつを返してくれるはずです。

つまり、相手を変えるのではなく、こちら側、自分自身を変えるという自己変革が大切なのです。

私には好きな言葉があります。

「太陽は、夜が明けるから昇るのではない。太陽が昇るから、夜が明けるのだ」

とにかく、あれが悪い、これが悪いではありません。自分自身が前向きに明るく進んだら、必ず道は開けてくると私は思います。

こちらの心一つで、世界が変わってくるのです。そして、自分の心づかいによって人が喜んでくれたら、人が勇んでくれたら、その人のために使った心は、結果として全部こちらに返ってきます。やはり、こちらの心の向きを変えることによって、人生は大きく変わってくるのではないでしょうか。

最後に、こういう人は幸福になれないという三原則をご紹介しましょう。

一つ、決して素直に「ありがとう」と言わない人。

二つ、「ありがとう」と言っても、恩返しをしない人。

三つ、「ありがとう」と唱えただけで、恩返しはできたと思っている人。

ということは、この逆のことを心がけていくところに、幸福への運命をひらく道があるのではないでしょうか。

人を変えるのではなくて、自分を変えていく。人を勇ませてこそ、真の陽気。まさにそうだと思います。

当たり前がありがたい

田村辰久《たむらたつひさ》

昭和12年生まれ　愛媛県新居浜《にいはま》市
垣生《はぶ》分教会前会長、繁藤《しげとう》大教会役員
保護司、元日本キャンプ協会上級指導員

青少年の犯罪の裏には家庭の問題があると、よく耳にします。

私は、社会を明るくするためには、まずは私たち一人ひとりの家庭を明るくつくり変えていく必要があるのではないかと思います。

ところが、世の中を見ると、子どもが問題を起こす家庭の人間関係が、何かとぎくしゃくしているような気がしてなりません。

明るい社会、明るい家庭というものは、どのようにしてつくることができるのでしょうか。「私も元気、妻も元気、子どもたちも元気、おじいちゃんとおばあちゃんも元気で通れた、きょうの健康家族」というのが、最も大切なことではないかと私は思います。

たとえば、おじいちゃんやおばあちゃんに、ちょっと認知症の症状が現れただけで、息子であるご主人の気持ちがイライラしてくる。奥さんが何かしらヒステリックになってくる。子どもたちの様子が変わってくる。家庭の中が随分《ずいぶん》と様変わりしていきます。ですから、まずは健康な家族になるということが、明るい家庭づくりの基本だと思うのです。

では、どのようにしたら、健康な家族になることができるのでしょうか。

昔から「笑う門《かど》には福来《きた》る」といわれるように、現代の科学でも、笑顔は健康に最も良いとされています。笑顔は、私たちが生まれたときから身体《からだ》に備わっている「病気を早く治そう」「病気にかからないようにしよう」という免疫力を高めて、私たちの健康をつくってくれるのです。ですから、笑顔で生活することは、自らの健康管理には欠かせないことなのです。

では、笑顔の具体的な効能は何か。まず一つには、がん予防に良いといわれています。現代人が最も恐れている病気は、がんではないでしょうか。そんな病気が、笑顔で暮らすことで免疫力が高まり、予防できるのです。

いま一つは、ボケ防止。今日は稀《まれ》に見る長寿の時代になりました。そのような中で「年を取ってもボケたくない。ボケて周囲に面倒をかけたくない」というのが、お年寄りの本音ではないでしょうか。そんな心配も、笑顔で暮らすことで予防できるというのです。

明るく陽気で笑顔を絶やさない、そんな家庭づくりに努力することが、健康には第一だと思います。

ところで、私は十四年前に旅先の高知県で、突然、脳梗塞《こうそく》を患って倒れました。

そして、身体の左半分の自由が全く利《き》かなくなったのです。

左半身は不自由でも、動く右半身でなんとかなると考えていましたが、そうではないのです。半身が不自由になると、ほとんど全身の自由が奪われてしまうのです。少々痛いというのは我慢できても、身体の自由が奪われることほど悲しいことはありません。

そんな不自由な身体になったとき、妻が自宅のある愛媛県から高知県まで通ってくれて、毎日、私の身の周りの世話をしてくれました。

平素、妻の優しさは当たり前のように感じていて、「ありがたい」とも思いませんでした。ところが、不自由な身体になり、寝返りひとつできなくなって初めて、手を添えてくれる妻の優しさやありがたさを、ひしひしと感じたのです。そして、そう感じたときから、妻に対する私の気持ちが随分と変わっていきました。

その後、親神様のありがたいご守護を頂き、歩けるようになったとき、すぐに妻へ電話を入れたのですが、「歩けた」という感激が胸に溢《あふ》れてきて、「母ちゃん、歩けた」と、ひと言しゃべるのがやっとでした。その声を聞いた妻は、電話の向こうで泣いてしまい、返事ひとつ返ってきません。しばらく泣いた後、やっとひと声、「よかったあ」と。

「歩けた」「よかったあ」。たったひと言ずつ交わした夫婦の言葉。これほど夫婦らしい会話ができたのは、この日が初めてだったと思います。

その後、妻は病院へ飛んできてくれました。夏のことですから、病室のカーテンも窓も開けっ放し。駆けつけた妻は、ベッドに横になっている私を見て、もう泣いていました。その妻を見て、「ああ、妻が来てくれた」と、私は思わず手を合わせていました。

よもや妻を拝むなどとは思ってもいなかったのですが、駆けつけてくれた妻の顔を見た途端に、無条件で手を合わせていたのです。

皆さん、きょうの健康のありがたさを知りましょう。そのことを、もっともっと大きな喜びに変えて暮らしましょう。そのためには、日ごろの生活の中で、ものの見方や考え方、心の置き所を少し変えることが大切です。それだけで、自分の家族がありがたくてもったいなくて、本当に喜べてくるのではないかと思います。

当たり前だという視点で眺《なが》めていると、いくら喜べるようなことがあっても、なかなか素直に喜べません。

いまのわが身の健康を当たり前と思わないで、「ありがたい、もったいない」と心の底から喜べるようにならせていただく。そんなところに、優しさや温かさが生まれてくる。そして、そこにこそ、明るい家庭づくりの原動力があるのではないでしょうか。

家庭で〝ほうれんそう〟を実行しませんか

佐藤幸夫《さとうゆきお》

昭和16年生まれ　愛知県東海市《とうかい》
本築分教会長《ほんちく》、本愛大教会理事役員《ほんあい》
元児童・民生委員、元東海市行政協力委員

ほとんどの動物の赤ちゃんは、生まれて間もなく一人で立つことができ、目も見え、耳も聞こえるようになります。いわば〝親のミニチュア版〟で生まれてくるのです。それくらい急速に発育しないと、親からはぐれ、他の動物に食べられてしまう危険があるからです。このことは、野生動物にとって生死を分ける問題なのです。

ところが、人間の赤ちゃんの場合、一人で歩けるようになるまでに、一年くらいかかります。目が見え、耳が聞こえるようになるまでに数カ月はかかります。親のような機能を獲得するには、さらに数年は必要です。つまり、他の動物と比べて、未成熟の状態で生まれてくるのです。ですから、動物以上に親の保護が必要です。言い換えれば、親の愛情を一身に受けなければ真に成長できないのが人間の赤ちゃんなのです。

しかし最近は、テレビや新聞で幼児虐待《ぎゃくたい》などの暗くて悲しいニュースをよく見聞きします。平成十六年度には、虐待という事例が三万件以上もあったといいます。

私たち天理教を信仰する者は、人間をお創《つく》りくださったのは、親神天理王命《てんりおうのみこと》様であると教えていただきます。親神様は、筆舌《ひつぜつ》に尽くせぬご苦労とご苦心を重ねられ、人間が明るく陽気にたすけ合い、争いのない暮らしを実現することを楽しみにして、この世と人間をお創りくださいました。そして、いまもなお人間を守護し、お育てくださっているのです。

親として子どもの幸福を願わない人はいないでしょう。しかし、十分にお金や物を与え、平穏無事を祈るだけで、子どもは本当に幸せになれるのでしょうか。

ところで、企業や会社などで行われている「ほうれんそう運動」というのを聞いたことがあります。

「ほうれんそう」の〝ほう〟は「報告」。上司への報告、同僚同士での報告です。〝れん〟は「連絡」。あらゆる方面への連絡、自分一人で勝手に動かないための連絡です。そして〝そう〟は「相談」。しっかりと相談をしながら進んでいく。この三つが、企業や会社に対する貢献となり、業績にも大きく影響してくるそうです。

では、この「ほうれんそう」を、家庭内でも実行してみてはいかがでしょうか。夫婦間の報告、親への報告、また兄弟同士の報告。そして、連絡と相談を欠かすことなく実行すれば、嫁姑《よめしゅうとめ》の問題もなくなり、夫婦仲はむつまじく、子どもたちの心も安らかになるのではないのでしょうか。

「いまの教育が、社会が、どうのこうのと言う前に、家庭内での〝ほうれんそう〟

を実行してみては？」と私は思うのです。

冒頭で、親の愛情を一身に受けなければ成長できないのが人間の子どもだと申しましたが、その子どもを育てる場所は家庭です。

昔は、家庭内での父母の役割というものが、現在と比べると、はっきりしていました。父親は怖くて、でも一生懸命に働いてお金を稼《かせ》いできてくれる。母親は優しくて、しっかりと家の中を守ってくれる。善《よ》し悪《あ》しは別にして、家族それぞれの役割が決まっていたので、子どもの心は安定していたのだと思います。

なかでも、子どもを育て、明るい家庭を築くうえで大きな役割を担っているのは、やはり母親だと思います

私は、女性には三つの〝しょう〟があると聞いたことがあります。一つ目は「衣装」。二つ目は「化粧」。そして三つ目は「微笑」、つまり微笑《ほほえ》みです。

この三つの中で一番大切なのは、やはり微笑、微笑みではないでしょうか。微笑

みという言葉自体にも、私はなんとなく温かみを感じるのです。

もちろん、父親にも笑顔は大切です。しかし、家庭内での母親の笑顔は、子どもが安心して健《すこ》やかに育ち、幸福な家庭を築いていく元ではないでしょうか。そしてそれは、この世と人間をお創りくださった親神様への感謝の心の表現でもあり、ご恩報じにも繋《つな》がっていくと私は信じています。

お互い報恩感謝の心で、笑顔を絶やさない、愛情いっぱいの幸福な家庭を築いていきたいと思います。

陽気ぐらしのルール

岡田《おかだ》　悟《さとる》

昭和18年生まれ　奈良県天理市
甲加賀《こうかが》布教所長、甲賀《こうが》大教会役員・詰所主任
天理地区保護司

私は、子どもたちと接する機会が多いのですが、以前こんな質問をしてみたことがあります。

「楽しいことと悲しいこと、どっちが好きですか？」

すると、子どもたちは「楽しいこと」と答えました。次に、

「仲良くするのと、けんかするのとではどちらがいい？」

と質問すると、「仲良くするほうがいい」と答えます。そして、「病気で苦しんでいるのと、元気に走り回っているのとでは、どっちがいいかな？」

と聞くと、声を揃《そろ》えて「元気なほうがいい」と答えてくれました。

そこで私は、

「どうして、みんな同じ答えになるのかな？　お父さんやお母さんから聞いたの？　学校で先生から聞いたの？」

と尋ねると、「聞いてないよ。そんなの、当たり前だよ！」と言うのです。

本来、人間というのは「楽しい」とか「仲良く」とか「元気だ」とか、そういう状態が好きなんです。そして、この状態を〝陽気〟といいます。その反対は何かといえば、それは〝陰気〟です。

ところが、人間は陽気な世界が好きなはずなのに、家庭の中では夫婦げんかや兄弟げんか、世界を見れば、国と国とが争ったりもしています。陽気というより、陰気な出来事のほうが多いのではないでしょうか。

ところで、スポーツでもゲームでも、楽しむためには守るべき大事なことがあります。ルールや規則です。

たとえば野球の場合、バッターは打ったら一塁へ向かって走ります。そんなルールも知らずに三塁へ走ったら、アウトと言われますし、ゲームは続きません。でも、ちゃんとルールを教えてもらって、理解していれば、楽しく野球ができるようになります。

また、交通ルールもあります。自動車の運転免許を取るのに、交通ルールを勉強するのは当然です。交通機関が安全に機能するためには不可欠だからです。もし、ルール違反をして、交通事故を起こしたら大変なことになります。だから、ルールはとても大切なのです。

では、ここで人間関係について考えてみましょう。

私たちは一人で生きているのではなく、必ずほかの誰《だれ》かと関《かか》わって生きています。

また、相手が変わることによって、その関係の呼び名が変わってきます。

たとえば、ご主人と奥さんの関係は「夫婦」といいます。親と私、私と子どもの関係は「親子」といいます。また、同じ親から生まれた子どもは「兄弟」という関係になります。そして、こうした人間関係の中にもルールがあります。

まず、夫婦のルールを考えてみましょう。

この関係のルールは、この世と人間をお創《つく》りくだされた親神様のお話を教《おそ》われば、よく分かってきます。

親神様は、最初の男性と女性を創るときに、何をお手本にされたのでしょうか。

まず、男性を創るときは〝天〟をお手本にされました。天は、上から下へという動きをします。そして、天からは雨や雪、つまり水が落ちてきます。水は潤《うるお》いを与える冷たいものです。言い換えれば、冷静だということです。こうして、天というお手本から、男性のルールが分かってきます。高いところから家族を沈着冷静にしっかり守って、潤いを与えるのが男性のルールということになります。

次に、女性を創るときは何をお手本にしたのかといえば、〝地〟すなわち大地です。大地は下から上へという動きをします。そして、この大地の奥底には火があります。下からの火で、上を暖かくするのです。女性とは火の役割であり、上から落ちてくるものを温かい心で全部受けとめるのが女性のルールです。

この男性と女性のルールをお互いが守れば、夫婦の関係はうまくおさまっていくのです。

次に、親子のルールですが、「親」という字の形を見ると、親に対する子どものルールが分かります。この字は「立つ」という字の下に「木」を書き、右側に「見る」と書きます。つまり、立っている木を見る。見上げる心が、子どもから親への心、ルールだと思います。

親に対して、尊敬の念で見上げる心があれば、子どもが親を憎むことはなくなる

ルールを守って幸せの道を……

でしょう。もとより、親自身が子どもに見上げられるような模範となる存在であるべきでしょう。

次に、子どもに対する親のルールです。親は子どもを守り育てる存在です。ですから、親のルールは「育てる」という字の形から考えてみましょう。この字は、「云《い》う」という字の下に「月」を書きます。これは「月々に云う」ことだと私は思います。子どもには耳が痛いことかもしれませんが、今月も来月もその次の月も、大切なことは何度でも言って聞かせることが、親のルールだと思うのです。

子どもが聞いても聞かなくても、親が大切なことを一生懸命に言い聞かせておくと、子どもが困ったときに「あのとき、お父さんはこんなことを言っていたなあ。お母さんはあんなことを言っていたなあ」と、心にすーっと浮かんでくるものなのです。

「月々に云う」。これが、子どもに対する親のルールだと思います。

さて、夫婦の間に二人以上の子どもが授かれば、兄弟姉妹《きょうだい》という関係が出てきます。兄弟姉妹の基本的条件は、長幼の序こそあれ、親が同じだということです。同じ親をもつ兄弟姉妹がたすけ合うならば、親としてこれに勝る喜びはないでしょう。ということは、私たちお互いは、人間創造の元の親である親神様の子どもであり、同じ親をいただく兄弟姉妹だということになります。その兄弟姉妹がたすけ合って生きることを、親神様は望んでおられるのです。

ですから皆さんも、年上の方はお兄さんやお姉さんと、年下の方は弟や妹だと思ってください。そして、行きずりの人でも、困っていたら「お姉さんが困っている。弟が難儀している」という心で力になってあげてください。それが、陽気ぐらしへと繋《つな》がる「たすけ合い」になると思います。

陽気に暮らすためのルールは、まだまだたくさんあります。いろんなルールを一つでも多く勉強して、陽気な毎日を過ごしていただきたいと思います。

言葉づかいで夫婦の絆を強める

山田鎮郎《やまだしずろう》

昭和8年生まれ　岐阜県可児《かに》市
春里《はるさと》分教会長、東濃《とうのう》大教会役員
元可児市社会福祉協議会春里支部理事

言葉とは本来、相手に喜びを与え、温《ぬく》もりを与え、生きる楽しみを与えるためのものです。しかし、その言葉づかい一つで、相手の心を大きく傷つけることもあります。

ちょっとまて　言っていいこと　悪いこと

これを言ったら相手が悲しむだろうなあということ、これを言ったら相手が傷つくだろうなあということ、「切り口上《こうじょう》」「捨て言葉」「愛想尽《あいそ》かし」は禁物です。

私の近所に住んでいるおじいさんは、とても頑固《がんこ》で気が短く、言葉づかいの悪い人です。そのおじいさんが、おばあさんに向かって「おばあ、お茶持ってこい！」と言います。

でも、おばあさんは耳が遠いので、おじいさんの言葉が聞こえないこともあるのです。気が短くて、すぐにカーッとなるおじいさんは「コラ、おまえ、お茶持ってこんか！」と、さらに声を荒げます。

しかし、長年一緒に暮らしているおばあさんも、そんな言葉くらいに負けてはいません。「お茶ぐらい自分で注《つ》いで飲まっせ！」

「おばあ、お茶持ってこい！」「お茶ぐらい自分で注いで飲まっせ！」。売り言葉に買い言葉で、思いやりも優しさも全くありません。こうした言葉から絆《きずな》が強まることはないと思います。

一方、こんなご夫婦もおられます。

お茶を飲みたくなったおじいさんは、おばあさんに「ばあさんや、ばあさんや。いま、暇かなあ？　すまんけど、お茶を一杯ごちそうしてくれんかな？」と頼みます。おばあさんは「あいよー」と答えます。しかし、なかなかお茶は出てきません。このおばあさん、ゆっくり屋さんで、やることがすごくスローなのです。

夫婦も二十年、三十年と一緒にいますと、だいたい相手の長所短所、性分《しょうぶん》が分かります。ですから、おじいさんは、ゆっくり屋のわが女房を責めることはしません。

「ばあさんや、ばあさんや。お茶はまだかいな？　あしたの朝までに間に合うかな？」

実に優しい思いやりのある言葉です。

お互い相手を気づかって、相手に責め言葉を使わないようにすること、これは、とても大切ではないかと私は思うのです。

では、もう一組、もう少し若い夫婦の話です。

朝、ご主人が出勤するとき、玄関で奥さんに「行ってくるよ」と言いました。すると奥さんは、「お父さん。きょうは雨が降るから、傘《かさ》を持ってきやー。天気予報では、降水確率は九〇パーセント。この雲の流れだったら、必ず雨が降るから、傘持ってきやー」。

実はご主人、物を持つことが大嫌い。ですから、「うーん、大丈夫だろう。もし雨が降ったら、タクシーで帰ってくるよ」と。この言葉を聞いた奥さんは「タクシーだったら二千円もかかるでしょ。千円のお金だって落ちてませんよ。だから、傘持ってきや！」と、まくし立てました。

今度は、ご主人がカーッときました。「なんだ、その言い方は！」。しかし、奥さんは聞く耳を持ちません。傘のことばかり言って責め立てます。ご主人も「本当におまえは、言い出したら人の言うことには耳を貸さずに、とことん自分の思いを貫く癖《くせ》がある。もうちょっと優しくなったらどうだ！」

玄関先で夫婦げんかが始まりました。でも、長々とけんかはしていられません。

ご主人は、奥さんが言い出したらきかないのを知っているので、黙って傘を持って出勤しました。

その日、奥さんの言った通り、雨が降りました。奥さんは、ご主人の帰ってくるのを、いまかいまかと待ち構えています。

「ただいまー」と、ご主人が帰ってくるなり、「おかえり、お父さん。雨降ったでしょ。私の言うことには、千に一つも間違いはないのよ！」と、鬼の首を取ったかのように言います。

誰《だれ》でも頭ごなしに高飛車《たかびしゃ》に出られると、たとえ相手の言い分が間違っていなくても腹が立つものです。でも、奥さんの言葉に対して、また言葉を返しては、いつまでたっても平行線をたどるばかりです。

そこで、ご主人は考えました。「お母さん、ありがとう。おかげでタクシーに乗らずにすんだ。二千円儲《もう》かったよ。それに濡《ぬ》れずにすんだ。さすが、わが女房だな」と奥さんを褒《ほ》めたんです。

そしてさらに、「俺《おれ》は若いとき、随分《ずいぶん》わがままなことをしてきた。朝帰りをしたこともあるし、給料を一円も入れなかったことも何度もある。だけど、そんななか、お母さんは心を治めて通ってくれた。そのおかげで子どもも、すくすくと成長している。お母さんの努力のおかげで、いまのわが家の幸せがあるんだな。お母さん、ありがとう」と、しみじみお礼を言ったのです。

その日の夕飯には、ビールが一本つきました。これが、奥さんの喜びの表れなんですね。

プラス思考で、前向きに思いやりの心で相手に接することで、一段と夫婦の絆が強まっていきます。

夫婦の絆は言葉から。お互い、毎日の言葉づかいには気をつけたいものです。

傾聴の心と「そ」の魔術

藤原晃雄《ふじわらてるお》

昭和14年生まれ　大阪府堺市《さかい》
根如《ねごと》分教会長

私たちの人間関係の中で、思いやりや優しさといった心は、とても大切だと思います。では、思いやりや優しさを、どのように実行したらよいのでしょうか。

私は以前、ある人からこんな話を聞いたことがあります。

「優しさ、思いやりとは、人の言葉に耳を傾けることから始まる」

私たち人間は、神様から二つの耳、一つの口を貸し与えられています。それは、人の立場になって、二つを聞いて一つ語るようにしなさい、ということではないでしょうか。そういう人は人に好かれます。愛され、信頼されます。

逆に、一つも聞く耳がなくて、口が三つか四つあるような、一方通行に話す人がいます。こういう人からは、少し距離を置きたくなります。たとえば、そんな人が前から歩いて来ると、「あっ、あの人にいま捕《つか》まったらどうしよう。早く帰らないと用事が待っている。横道に逸《そ》れて逃げようかしら」。こんなことはありませんか。

私も、急用で家を出る直前に電話がかかってきて、受話器を取って相手の声を聞いた瞬間、「しまった。この人の話を聞いていたら、ちょっとまずい」と思ったことがあります。

話が一方通行の人というのは、時と場合によりますが、ちょっと離れたくなります。逆に聞き上手《じょうず》な人には、人は信用や信頼を託します。それは、その人の心に、思いやりや優しさがあるからだろうと思うのです。

「聞き上手な人は、『そ』の魔術を使う」といわれます。それは、相手の話にうなずきながら、言葉の頭に「そ」が付くというのです。たとえば、「そうですか」「それから」「そうして」「そうだったの」「それはよかった」「そうかそうか」など、いずれも言葉の頭に「そ」が付いています。

「そ」の魔術を使う人には、必ず人が心を寄せてきます。なぜなら、これらの言葉に自己主張はありません。独りよがりなメッセージもまずありません。目の前にいる人の言葉と心に「そうですか」「そうだったの」「それはそれは」と沿っていこうとするからです。こうした人は、必ず人に愛されるだろうと思います。

実は、私はこれが不得意なのです。聞き下手《べた》なんです。だから、自分の意見や経験は後回しにして、その人の立場になって、「そうですか」「それから」と心を傾ける、いわゆる〝傾聴の心〟を持つように心がけています。それも上辺《うわべ》だけでない、本当の意味で傾聴できる、そういう人間になりたいと願っています。

なぜなら、相手の心を知る、分かるということが優しさだと思うからです。その人の喜びや悲しみ、悩みなどを知らなければ、分からなければ、その人と悲しみを分かち合ったり、悩みを共に考えたり、喜びを共感することはできません。ですから、傾聴の心の第一歩は知ることであり、分かることであり、それが優しさと思いやりに繋《つな》がっていくと思うのです。

では、世の中で、傾聴の心で最も上手に「そ」の魔術を使う人は誰《だれ》でしょうか。こういう句があります。

そうだねえ　そうだそうだと　里の親

ふるさとの親、特にお母さんのことでしょう。夫を頼りに嫁いできて、お腹《なか》に赤ちゃんを宿し、命がけで産み、育てる。その子が女の子ならば、年ごろになって、荷物を整えて嫁に出す。嫁に出した初めのころは、「夫に大事にされているだろうか？　家族や親類の人たちに馴染《なじ》んだだろうか？　好かれているだろうか？　うまくやっているだろうか？」などと、ふるさとの親はいろいろと思いを馳《は》せます。

そして、娘が年に何度か里帰りしたときには、「そうだねえ。そうだねえ。そうだそうだ」と、悲しみも苦しみも悩みも、無条件に抱きかかえるように聞いてくれます。それが母親というものです。

本当に　泣ける広さは　母の胸

といわれる所以《ゆえん》でもあります。

そして、二、三日もすれば、「もうボチボチ帰れよ。主人が心配しているよ」と、帰り際には土産《みやげ》を持たせるのです。

風呂敷《ふろしき》に　紐《ひも》を継ぎ足す　里の親

大きな風呂敷に、キャベツや大根、おいしいお米や筍《たけのこ》など、ふるさとの土産を、入れられるものはすべて入れてやりたい。そして、結ぼうと思ったら紐が届かない。そんな、親心溢《あふ》れる情景が浮かんできます。

いまで言えば、「おまえ、先に帰れ。あとで宅配便で送ってやるから」と、母親が段ボール箱に詰め込んでいるシーンでしょう。車で来ていれば、トランクが一杯になるまで積んであげるのでしょう。こうして娘は、母親に心を癒《い》やされ、励まされて、勇んで嫁ぎ先へ帰っていくのです。

私の母も、そんな経験をしたといいます。

母は、和歌山から大阪の泉州《せんしゅう》へ嫁いできました。父は七人兄弟の長男、農村の大所帯の生まれで、おじいさんとおばあさんも一緒に暮らしていました。そこに嫁いできて初めて、玉のようなかわいい男の子が生まれました。それが私です。

私が長じてのち、母はポツリと言いました。「和歌山の母に聞いてもらい、慰《なぐさ》めてもらって、おまえたちのために頑張ったこともあった」と。

生まれ育ったふるさとから、文化も習慣も異なった地へ行き、そこに馴染み、嫁として、しっかりと家に根を張るまでの母の苦労を思うとき、私の胸は熱くなりました。

「そうだね、そうだね」と言える心は〝子を思う親心〟なのでしょう。「そ」の魔術、傾聴の心、お分かりいただけたでしょうか。

ところで昔、立派な人がおられまして、この方は大変な聞き上手で、「そ」という言葉の上に「あ」までつけて、「あ、そう。あ、そう」と言われました。そして、多くの人に慕われました。どんな人の言葉にも、いつも初耳のように「あ、そう」と言われたそうです。

皆さんも、ご家庭で「あ、そう」と言ってみてください。でも、その際、ちょっと「あ」を伸ばしたほうがいいですね。「あー、そう」こんな具合です。「あー」という言葉は、明るくて温かくて不思議な音がするといわれています。「あー」と言うと、口元は、笑みを浮かべるときの形になります。口元は表情を変え、表情はその人の人生を変えていきます。

夫に妻に、親に子どもに孫に、「あー、そう」の心を向けるとき、優しさと思いやり、明るさや温かさが生まれ、そして、心にゆとりのある家庭となるでしょう。

神様から貸し与えられた耳は二つ、口は一つ。思いやりと優しさは、人の心に耳を傾けることから始まります。

傾聴の心の大切さを、お分かりいただきたいと思います。

第三章
親《おや》

家庭に三つの明るい光を灯そう

芝《しば》　理子《のりこ》

昭和28年生まれ　大阪市北区《きた》
はるれひ分教会長夫人
地域ふれあい喫茶委員

私は、大阪市北区にある天理教教会の会長夫人として、また六人の子どもの母親として、目が回るような日々を送っています。

教会の周辺は、コンクリートとアスファルトに囲まれて緑が少なく、車の往来は激しく、近くには繁華街もありますので、子どもの教育にとって決して良い環境とは言えません。

また、現代の子育てには、私たちが育ったころにはなかったような、別の難しさがあるように思います。それは特に、携帯電話やインターネットに代表される、子どもたちに直接向けられる攻撃ともいえるような「大量の情報」に、どう対応するかということです。

確かに携帯電話は、いつどこにいても連絡が取れるので、とても便利ですが、良いことばかりではありません。こちらが求めてもいないのに、情報が勝手に入ってくるからです。

いままでなら、家に子どもあての電話がかかってきても、親がいったん取って、「どなたですか?」と話をしながら、相手がどんな人なのかを確かめて、「ちょっとあやしいな」と感じたら、子どもに繋《つな》がないようにすることができました。

ところが、携帯電話の場合、好奇心をそそるような電話やメールが子どもに直接送られてきます。こうなると、親がチェックする手段はなく、〝情報に誘拐《ゆうかい》される時代〟になっているのではないでしょうか。

近年、周りから見ればおとなしくて、とても凶暴なことをするようには思えない中学生や高校生による、悲惨《ひさん》な事件が多く聞かれます。それは親の知らない間に、子どもたちが「悪意に満ちた暗い情報」に誘拐されていることも一因にあるのではないでしょうか。これは、いままでになかった子育ての難しさの一つだと思います。

では、そんな「悪意の暗い情報」から子どもたちを守るには、どうすればいいのでしょう。

たとえば、夜になって闇《やみ》が忍び寄ってきたときに、いくら暗さを取り払おうとしても、それはできません。でも、たとえ小さな明かりでもいいから電灯をつければ、簡単に暗さを取り去ることができます。暗さをなくすには明るさが一番なのです。「悪意の暗い情報」による誘拐から子どもたちを守るには、「善意の明るい電灯」をつければいいのです。

そこで、私は三つの明るさを提案しようと思います。

一つ目は明るい表情、つまり笑顔のことです。

私は富山県の新湊市《しんみなと》に生まれ育ちました。日本海側なので、どんよりと曇《くも》った日が多いのですが、子どものころ、母の笑顔を見ると、朝からとても元気が出ました。寒い冬の早朝、たくさんの雪が降り積もったときの玄関先の雪かきは、子どもたちの仕事だったのですが、それはとても大変で、憂鬱《ゆううつ》な気分になりました。でも、母が笑顔いっぱいに、「さあ、きょうも外のお日様は雪雲に隠れているけれど、中のお日様は明るく照らしましょう」と声を掛けてくれたので、その笑顔に、私たち兄弟も「頑張らなくちゃいけないな」と思い直し、雪かきに取りかかることができたのです。

お母さんの笑顔は、子どもにとって、朝昇ってくる太陽のようなものではないでしょうか。見ているだけで、なぜか心が温まり、勇気が湧《わ》いてきます。

反対に、クヨクヨしたりイライラした暗い表情だと、子どもの心は冷え冷えと萎《な》えてしまうでしょう。

「いつでも機嫌よく」とは、なかなかいかないでしょうが、返ってくる結果のことを考えれば、少し無理をしてでも明るい笑顔をつくることは、どんなに値打ちのあることか分かりません。

二つ目に提案したいことは、明るい言葉です。元気なあいさつ、そして喜びや感謝の言葉です。

「おはようございます」「こんにちは」「ようこそいらっしゃいました」「さようなら」「また今度ね」。その場その場の気軽なあいさつの言葉。これは、なんでもないことのように思われるかもしれませんが、明るいあいさつは暮らしにメリハリをつけてくれます。

そして、喜びや感謝の言葉も大切です。「何も嬉《うれ》しいことがないのに、喜んだり感謝したりできない」と言う方もおられるかもしれません。でも、よく考えてみてください。生きているということは、私たち人間の力ではどうにもならない、いわば神様の領分です。そう考えると、何はなくとも、まずは生かされているありがたさを喜ぶことが大切だと思います。

そして、「ありがたいね、嬉しいね、もったいないね」と言葉にするのです。声に出せば出すほど、明るい雰囲気が生まれてくるはずです。

「声は肥《こえ》（肥《こ》やし）」という言葉を聞いたことがあります。「声（言葉）は人間の心の栄養、野菜や木を育てる肥と同じ働きをする」という意味だと思います。

明るい日差しのもと、水分と肥料を十分に与えれば、作物はどんどん育ちます。これと同じように、日ごろから明るい言葉をふんだんに浴びた子どもたちは、すくすく育つことでしょう。

もしも反対に、「嫌《いや》だなあ」とか、「あの人はどうだこうだ」とか、不足や文句ばかりを子どもに聞かせていれば、どうなるでしょうか。肥料どころか、毒を撒《ま》くようなもので、子どもたちはしなびてしまうでしょう。

最後に、三つ目の提案は、親切な行いです。

親の手伝いは、親への親切です。兄弟が仲良くするのは、兄弟への親切です。もちろん、お年寄りや身体《からだ》の不自由な方への親切は、どれほど大きな親切になるか分かりません。親が人に親切を心がけていれば、子どももきっと、それを見習うことでしょう。

夫も私も、子どもたちの学校や地域の活動に、積極的に参加しています。二人のモットーは親切です。夫は、小学校でも中学校でもPTAの会長を務めました。私も地域で月一回、お年寄りを対象としたケーキや飲み物をお出しするサービス喫茶で、琴のバックミュージック演奏をグループで行っています。

琴を通して親しくなった方の中に、折り紙の得意な女性がおられました。その方に、折り紙の実演や指導をサービス喫茶でしていただいたところ、とても好評で、たくさんのファンができました。私は、いろいろなことをやってみることで、大きな結果が得られることを学びました。

電灯はついていても、箱の中にしまい込んでいたら、明るさが外へ出てこないので、周りは暗いままです。つまり、明るい心も、身体の中に閉じ込めておかないで、親切という行いで外に表してこそ、周囲を明るく照らだすのだと思います。

おかげさまで、いまのところ、わが家の六人の子どもたちは、携帯電話やインターネットを使いこなしながら、家庭生活・学校生活・社会生活を楽しんでいます。休みともなれば、子どもの友達が大勢わが家に集まってきて、賑《にぎ》やかに言葉が飛び交《か》い、陽気な笑顔の花が咲きこぼれます。

親として十分なことはできませんでしたが、明るい笑顔・明るい言葉・親切な行いを少しずつでも日々心がけたことが、暗さを払い、明るさを育てたのかなあと振り返っている、きょうこのごろです。

皆さんも、明るい笑顔、明るい言葉、そして、それらを外へ振りまく親切な行い、この三つの明るい光を、家庭に灯《とも》していただきたいと思います。そうすれば、現代の暗い情報の中でも、子どもたちはその明かりに導かれて、明るく育っていくのではないでしょうか。

ショートケーキとパンの耳

山本祐造《やまもとゆうぞう》
昭和18年生まれ　奈良県桜井市《さくらい》
敷島《しきしま》大教会役員、少年会本部研究員

生クリームたっぷりのショートケーキと、食パンの端、いわゆるパンの耳では、どちらがおいしいと思いますか？　おそらく、ほとんどの方が「ショートケーキ」とお答えになるでしょう。でも、時と場所、また、心の持ち方によっては、そうとも限らないのです。

あるとき、子どもたちが、「パンの耳って、おいしいなあ。ショートケーキより、おいしいかも！」と言ったことがあります。それは、小学校高学年や中学生の子どもたちを対象にした野外キャンプのときでした。

私どもの教会では、「家では味わえないものを体感してもらいたい。大自然の美しさや恵みを感じ、また、厳しさや恐ろしさなどを共に学びたい」との思いから、野外キャンプを始めました。

キャンプのときは山や海、川のテントやバンガローで生活します。普段の生活に比べると、火や水は当然、不自由になります。水洗トイレがない施設の場合、それだけで子どもたちは大騒ぎです。

家では、水道の蛇口《じゃぐち》をひねれば水が出てきます。電気はスイッチを入れればつくし、火もガスコンロですぐに使えます。しかし、キャンプではそうはいきません。最近は設備の整ったキャンプ場が増えてきましたが、それでも家と比べれば、とても不自由です。ましてや設備が少なく、自然に近いキャンプ場であれば、水を確保するのも大変です。バケツ一杯の水を効率よく使わなくてはなりません。

それでも子どもたちは、そんな生活を楽しんでいます。そして、コップ一杯の水で要領よく歯を磨けるようになりました。なかには、それだけの水で顔まで洗う子もいます。

家では水を出しっ放しにしていた子どもたちが、水を探して運ぶ苦労や不自由さの中から、水のありがたさを知り、少ない水で目的を果たそうと自ら工夫するのです。さらに、水の不自由さを味わうことで、子どもたちは誰《だれ》から説かれることなく、普段の家での生活のありがたさや快適さを、あらためて感じてくれるのです。

そんなキャンプ生活の中で、昼食にサンドイッチを作ったことがありました。食パン一本と、挟《はさ》む具材を配ると、子どもたちのサンドイッチ作りが始まりました。グループによっては、半分に切ったり、ひと口大に切り分けたりと、さまざまです。なかには、本格的なサンドイッチを作るグループもあって、楽しい昼食となりました。

昼食後、よく見てみると、ほとんどのグループが切り落としたパンの耳を大切に

パンの耳のおいしさを味わえる人生を

残しています。そして、三時のおやつに食べたのです。とてもおいしそうに。「パンの耳って、おいしい！」「うまい、うまい」と、みんなニコニコ顔。大発見したように目を輝かせ、「ショートケーキよりおいしいかも！」と言って笑う子もいました。

　普段の生活で、もし、おやつにパンの耳が出てきたら、子どもたちは納得しないでしょう。しかしキャンプ生活では、水一杯にも不自由を感じながら、歩いたり走り回ることで、お腹《なか》も空《す》いてきます。そんなときに口にするパンの耳は、少しくらい固くなっていても、よく噛《か》むと香ばしいし、甘ささえ感じます。そのおいしさに、子どもたちは大満足だったのです。

顧《かえり》みて、私たちは三度三度十分な食事を頂き、豊かさ溢《あふ》れる日々を送っているにもかかわらず、満足どころか、不足することさえあるのではないでしょうか。

そこそこ結構な生活を続けていると、それに慣れてしまい、何に対しても感謝や喜びを感じることができなくなっているのではないでしょうか。

私たちは、いつも幸せでいたいと願っています。その幸せとは、人それぞれです。でも、人間というものは、一つの思いが叶《かな》い、願いが成就《じょうじゅ》すると、次の幸せを求めて、「ああだったらいいなー、こうだったらいいのになー」と、際限なく欲の心をふくらませていきます。

しかし、これでは永遠に、きょうの喜びや幸せを味わうことなく過ごしてしまうのではないでしょうか。

ショートケーキの生活を当然のことのように思って送っていれば、パンの耳のおいしさを生涯味わうことなく、よりおいしいケーキを求めていく人生になると思うのです。

私は、子どもたちがキャンプ場で味わったパンの耳に、毎日の生活にある幸せや充実感を味わうヒントが潜《ひそ》んでいるように思います。

子どもたちは、不自由さの中で、いままで気がつかなかった幸せを知ったのです。そして、いまの幸せに気がついたのです。つまり私たち人間は、心の持ち方一つで不自由を楽しみに変え、喜びにできる力を持っているのです。

不自由さの中で子どもたちが味わった、ショートケーキよりおいしいパンの耳。私もそんな幸せを、求め味わう人生を歩み続けたいと思います。

言葉一つが人の心を育てる

田中親男《たなかちかお》

昭和16年生まれ　埼玉県川口市《かわぐち》
慈林《じりん》分教会長、淺草《あさくさ》大教会役員
学校法人翠ケ丘《みどりがおか》幼稚園長、川口市私立幼稚園協会副会長

私は埼玉県で幼稚園をさせていただいています。開園して四十三年目、これまでに四千九百余名の卒園生を送り出しました。

私は毎朝、幼稚園の門の前で子どもたちがやって来るのを待っているのです。向こうの角から子どもの姿が見えると、「おはよう！」とあいさつをする。すると、子どもたちはニコニコして、「園長先生、おはようございます！」と、元気にあい

さつをしてくれるのです。朝の第一声が笑顔で元気に返ってくるのは、とても嬉《うれ》しいものです。

私はいつも子どもたちにこう話しています。

「いつでも、どこでも、誰《だれ》にでも、ニコニコあいさつ、元気よく！」

「あいさつすることは、とっても大事なことなんだよ。そのあいさつも、ニコニコしてすることが大切なんだよ。ニコニコしてあいさつすると、お友達がたくさん出来るんだよ」

また、保護者会でもいつも、あいさつの重要性を話しています。

あいさつは人間関係の第一歩。そのあいさつが笑顔で交わされることが大切なのです。ブスッとした顔してされても、嬉しいものではありません。

笑顔は、私たち人間にしか出来ません。それは「みんな仲良く、互い立て合い、たすけ合って、明るく楽しく陽気に生きていけるように」という思いで、親神様が私たち人間をお創《つく》りくださったからなのです。

だから笑うことが出来る。ブスッとしていたら陽気には暮らせません。ニコッとするから、明るく楽しく暮らすことが出来るのです。

笑顔は人を喜ばすことが出来る。笑顔は人の心を温めてくれます。笑顔は人の心を安心させてくれる。そして笑顔は人の心をその気に、やる気にしてくれます。皆さんがニコッとしただけで、人の心を喜ばすことが出来るのです。

どうか皆さん、大いに笑顔を振りまいてください。

私たち人間は、こんなに素晴らしい言葉を使うことが出来る。これは、とてもありがたいことです。言葉は人の心と心を繋《つな》ぐ道具です。私は「声は肥《こえ》なり」と教えていただきました。温かい言葉、優しい言葉、思いやりの言葉、いたわりの言葉、ねぎらいの言葉、感謝の言葉、励ましの言葉、ほめ言葉は、人の心を育てる肥《こ》やしになるということです。

こんな話を聞いたことがあります。

ある新聞に「花にも心がある」という大きな見出しがありました。アメリカで嘘《うそ》発見器の研究開発をしていた技術者が、試作品が出来たので、いろいろなものに電極をつないで実験を繰り返していました。ある日のこと、花に電極を繋いでスイッチを入れた。すると、針がブルブルッと震えたのだそうです。そこで、しっかりと確認するため、もう一度、花に電極を繋いで、スイッチを入れると、また針が震えたというのです。その技術者は、〝花にも心がある〟と学会で発表したのだそうです。

その内容が新聞に掲載されていた。これを見た青年グループが「よし、実験をしよう」ということになった。

グラジオラスの球根を三つ買ってきて、日当たりも土気も同じようなところで、それぞれ離して植えた。

Aというところに植えた球根には、いつも「早く太い元気な芽を出して、きれいな花を咲かせてね。みんな楽しみに待ってるんだから」と、思いやりの励ましの言葉を掛け続けた。

Bというところに植えた球根には、「おまえなんか出てこなくたっていいんだ。出てきたら踏んづけちゃうぞ」と、汚い言葉を浴びせ続けた。

そして、Cというところに植えた球根には、いつもそこのそばを通りながら、あえて無視し続けたのだそうです。

やがて、Aというところに植えた球根は、元気な太い芽が出てきた。Bというところに植えた球根は、その半分くらいの芽が出てきた。そしてCというところに植えた球根は、そのまた半分くらいの、か細くてか弱い芽がやっと出てきた。

これを見た青年グループは、「思いやりの励ましの言葉を掛けたら、花を育てる肥やしになった。無視することが最も卑劣《ひれつ》な行為、人間のすべき行いではない」と知ったということです。

ある中学校でアンケート調査をした。家庭で親に言われて一番嫌《いや》な言葉は何かと聞いたところ、「ばかやろう」「ボケ」「出て行け」。反対に一番嬉しい言葉は何か？　「ありがとう」「よく頑張ったね」「やったあ」という言葉だったそうです。

これは、子どもだけでなく、大人にも通じることです。「ばかやろう」と言われて喜ぶ人はいません。「ありがとう」と言われれば、誰でも嬉しいものです。

言葉一つで、人の心を傷つけ、曇《くも》らせてしまいます。「舌頭《ぜっとう》人を刺す」といいます。言葉一つで、人の心を勇み立たせることが出来るのです。

「声は肥なり」。まさに、この言葉一つが大切なのです。

私たちは、人間に与えられたこの素晴らしい〝言葉〟を大切に使って、人の心を育て、互いに立て合う陽気ぐらしの世の中をつくっていきたいものであります。

豊かさの中にも慎みと感謝を

岸《きし》　良明《よしあき》

大正13年生まれ　埼玉県三郷《みさと》市
東明《ひがしめい》幸《こう》分教会長、東中央《ひがしちゅうおう》大教会役員
社団法人日本産業退職者協会参与、元労働省参事官

現在の日本は、本当に豊かで便利な社会になりました。大正生まれの私のように、戦前・戦中・戦後と生きてきた者にとっては、あまりの豊かさと便利さに、戸惑《とまど》うことも多くあります。

終戦後、軍隊から解放され、京都で苦学していた私は、そのころ三度の食事をきちんと食べることなど、ほとんどできませんでした。そんな私が初めて天理を訪れ

たのは、昭和二十一年二月のことでした。そのころの私は、旧満州《まんしゅう》の地で消息不明となった両親のことが気がかりで、二人の無事を願い、母が熱心に信仰していた天理の神様に縋《すが》ろうと思ったのです。

天理に着いた私は、教えられるまま神殿で参拝しました。そして、せっかく天理に来たのだから、母がとても尊敬していた柏木庫治《かしわぎくらじ》先生にお会いしたいと思い、先生のお宅を訪ねました。先生は不在でしたが、奥様にお会いすることができました。奥様は初めて会った私を、しかも突然お訪ねしたにもかかわらず、「よく無事で帰ってきたわね」と、温かい笑顔で迎えてくださいました。

母の消息が分からないことや、いまの生活状態など、いろいろと私の話を聞いてくださったあと、「ちょっと待ってね」と台所へ行き、湯気の立った雑炊《ぞうすい》を持ってきてくださったのです。

当時のことですから、雑炊といってもお米ではなく、小麦粉の団子が二、三個と、わずかな野菜が入っただけのものでしたが、その温かさと、初めて会う私をわが子のように喜んで迎えてくださった奥様の笑顔が、いまだに忘れられません。

そのことがあって、私はいまでもお話をさせていただくとき、「きょうは、お昼ご飯をちゃんと食べることができましたか？」と聞くことがあります。すると、聞かれた方は「なんでそんな当たり前のことを聞くんだ」という顔をして笑われます。

しかし、三度の食事を食べることに困らないといういまの境遇、また、そういう国で暮らしているということが、どんなにありがたいことかを、よく考えていただきたいのです。


さて、いまの日本は、多種多様な食べ物が街に溢《あふ》れています。しかし、そのすべてが国産かといえば、決してそうではありません。六割以上が外国から輸入されたものです。たとえば、天ぷらそばの場合、そば粉は中国から輸入し、天ぷらのメーンであるエビは東南アジアで養殖され、衣《ころも》の小麦粉や、油や、醤油《しょうゆ》の原料である大豆もアメリカから輸入されています。

このように、純日本的な食べ物と思われている天ぷらそばでさえ、ほとんど輸入に頼っているというのが、日本の現状なのです。言い換えれば、日本の食生活は他の国の産物、他の国の人々の働きによって支えられているといえるでしょう。

それなのに、私たち日本人は、輸入した食べ物を全部使っているかというと、そうではありません。ある調査によると、日本人が無駄《むだ》にしている食べ物は年間約千九百万トンといわれています。千九百万トンといえば、貧しい生活をしている国の十万人もの人々が食べる量だというのです。

しかし、日本がこのまま、食べ物に不自由しない豊かな生活が続くかといえば、決してそうではありません。

現在、世界の人口は約六十五億人ですが、さらに年間九千万人ずつ増加しており、二〇三〇年には九十億人になるといわれています。この人口の増加率に対して、食糧の生産が追いついていないのです。

ですから、いまの日本という国は、本当に豊かで便利で、食べる物に不自由することはありませんが、この豊かさは、実は非常に底が浅いものだということを、一人ひとりがしっかりと自覚しなければならないと思います。

しかも、現在でも、世界の人口六十五億人のうち、五分の一の人々が貧しい生活を強《し》いられ、食べる物もない飢餓《きが》の状態にあるといわれています。

そのような状況を考えてみても、私たちは、いまの豊かさに感謝するとともに、その中にあって、常に慎《つつし》みの心を持つことが大切ではないでしょうか。

私は、ある本の中で、このような素晴らしいお話を見つけました。

本の著者が、フランスのレストランで昼食をとっているとき、隣の席に、若いお母さんと子どもが座り、メニューを見ながら注文する料理を決めていました。お母さんは子どもに「注文した料理は全部食べるんですよ」と念を押しました。ところが、その子が注文した料理は、ボリュームも味も大人向きだったのか、半分も食べないうちに「もうお腹《なか》いっぱい」と、その料理を前に押しやったのです。

すると、お母さんは「さっきあなたは、全部食べると言ったでしょ」と咎《とが》めるのではなく、子どもに向かって静かにこう言いました。

「いま、世界には住む家もなく、食べる物もなくて命を落としていく子どもたちがいるのよ。あなたはフランスという豊かな国に生まれ、何不自由なく暮らしているけれど、パンひと切れさえ食べることのできない子どもが世界にはたくさんいるの。なのに、あなたは注文した料理を食べ残す。食べ物を粗末にするということは、人間として一番してはいけないことで、神様がお許しになりません。あなたは、飢《う》えで苦しむ人々や、食べ物をつくってくれた農家の人、牧場の人にお詫《わ》びしなければなりません。いいですか、残したものは全部持って帰るから、今夜か明日の朝、これをきちんと食べなさい」

子どもは残した料理を見て、「必ず食べるよ」と約束しました。

いま日本では、子どもの教育が問題になっています。学校での知的教育はもちろん大切ですが、それ以上に、日々の生活におけるお父さんとお母さんの、信念に基づいたひと言こそが子どもの心に響き、心の定規となって身についていくということを考えていただきたいのです。

私の恩師・柏木先生は、「人間というのは、神様の恵みを受けた恩の塊《かたまり》である」と言っておられました。人間が神様のご守護で生かされていることは言うまでもありませんが、私たちのいまの豊かな生活は、日本のみならず、他の国の人々の働きによって支えられているのだということも忘れてはならないと思うのです。

食べ物のみならず、電気・水道・ガスなど、常日ごろ私たちが当たり前と思って使っている、いわゆるライフラインが、もし寸断されればどうなってしまうのかということは、近年の大地震など、多くの自然災害が物語っています。

ですから、たとえどんなに物が豊富にあっても、これをお与えくださっている神様のご恩と、支えてくれる人々のおかげ、このことを常に心に置いて、豊かな生活の中にも慎みと感謝の心を持って通ることが、いま一番大切なことだと思います。

「人は家庭の中で人間になる」

片桐《かたぎり》誠一郎《せいいちろう》

昭和12年生まれ　東京都中野《なかの》区
本中野《ほんなかの》分教会長
明治大学付属中野中学・高等学校長

私たちは、それぞれ立場は違っても、幸せを求めて生活しています。

ある新聞社の世論調査によると、「現在の生活に満足している」という人は約一〇パーセント、「やや不満・非常に不満」と答えている人が四〇パーセント、「満足せざるを得ない」と答えた人が五〇パーセントということです。

では、満足できない理由、言い換えれば、不幸の元は何かというと、それは

「貧・病・争」。貧は貧しさや経済的な苦しさ。病は病気。そして、争は争い、心の争いや心のもつれということです。

しかし、現在の世の中では、働く気さえあれば仕事は必ずあります。病気も、常日ごろから自分の健康管理に気をつけ、定期的に健康診断を受けていれば、ある程度は予防できる時代となりました。しかし、世の中がどんなに進歩・発展しても、心の争い・心のもつれ・心の悩みは簡単に解決できるものではありません。

特に、現代社会は少子化・核家族化が進んでいるため、親の子どもへの期待と悩みは年々ふくらんでいきます。

現在、家庭の子どもの数は、一人っ子が約一〇パーセント、二人が八〇パーセント、そして、三人以上が約一〇パーセントという少子・核家族であり、また、女性が生涯に産む子どもの数「合計特殊出生率」は二〇〇四年現在で一・二九人。特に東京では年々低下していて、〇・九九人と一人を割っているのが現状です。

この点からも、親の子どもへの期待は大きくなる一方で、過保護・過干渉になりやすく、心の力の弱い子どもが増えています。

兄弟姉妹の数が多ければ、兄弟姉妹間で何かと切磋琢磨《せっさたくま》しますが、子どもの数が一人や二人だと、むしろ親と子の関係がより強く、濃密になり、過保護・過干渉になりやすいのでしょう。


それでは、子どもの心の発達について考えてみたいと思います。

生まれてから三歳ごろまでの「乳児期」は、何でも親の真似《まね》をする模倣《もほう》の時期で、両親が子どもを「しっかりと抱く」というスキンシップが一番大切なときです。このスキンシップによって、両親との心の信頼関係が生まれます。親のあたたかい愛情が一番必要な時期なのです。この時期の夫婦のいさかいは、子どもの心を傷つけることになります。

次は、四歳から六歳ごろの「幼児期」。幼稚園や保育所で友達と一緒に歌ったり、ゲームをしたりすることで、次第に自己主張も生まれ、仲良く遊ぶことで思いやりの心が芽生えて、性格の基礎が形づくられていく時期です。乳児期の、親が「しっかり抱いていた」時期から、だんだんと「下に下《お》ろしていく」時期といえるでしょう。この時期の過保護や過干渉も、のちの問題行動の原因になるといわれ、「三つ子の魂百まで」の言葉通り、幼児教育がいかに大切かということが分かります。

次いで、七歳から十二歳ごろの「児童期」といわれる小学校の時代は、幼稚園や保育所のときより、たくさんの友達とふれ合うことで、人間関係の基礎が築かれる時期です。そして、「しつけは小学校まで」といわれるように、基本的な生活習慣を身につける大切な時期でもあります。

十三歳から十五歳ごろの中学生の時期からは、子どもは親を見て育っていくようになるので、〝ほめて育てろ〟といわれています。この時期は、いわゆる思春期で、人間の一生の中でも、特に心身ともに著しく成長する時期であり、「人間第二の誕生期」ともいわれています。基礎学力、基礎体力、基本的生活習慣を身につける大切な時期です。

このころには、だんだんと自分らしさが出てきて、「将来は○○になりたい」といった、夢や進路について考えるようになってきます。親にとっては、だんだん子育てが難しくなってくる時期でもあります。

最後に、十六歳から十八歳ごろの高校時代。「青年前期」と呼ばれ、自分がどういう道に進むのか、将来の進路や方向性を決めなければならない時期です。しかし、身体《からだ》は一人前の大人になっても、心と身体がアンバランスな時期でもあり、大人と子どもの端境期《はざかいき》とか〝疾風怒濤《しっぷうどとう》の時代〟などと呼ばれています。この時期には、親が自分の歩んできた道を素直に正直に話し、子どもの将来の進路について夢を持たせてやってほしい時期でもあります。

このように、子どもの成長段階を見ていくと、子どもにとって家庭がいかに大切であるかが分かると同時に、学校教育の大切さも分かると思います。

「一年を思えば花を育てなさい。十年を思えば木を育てなさい。百年を思えば人を育てなさい」という言葉があります。また、「人は家庭の中で人間となり、教育によって人間として成長する」ともいわれます。

家庭での教育も学校での教育も、クルマの両輪のように、子どもの成長にとって不可欠なものなのです。


次に、家庭の役割の大切さについて考えてみたいと思います。

子どもにとって家庭とは、心の安らぎの場であり、憩《いこ》いの場です。そして生活訓練の場であり、社会生活の基本を学ぶ場です。また、愛情と信頼を育《はぐく》む場であり、明日へのエネルギー再生産の場でもあります。その意味でも、夫婦親子の信頼関係が大切なのです。

家庭内での親子の会話がどれくらいあるかを、ある調査の結果から見てみたいと思います。まず、一番多いのが母親と娘で六九パーセント、次に母親と息子の四〇パーセント、三番目が父親と娘の二四パーセント、最後に父親と息子の一八パーセントの順となっています。

私が男子校で数多くの生徒を見て感じるのは、男の子にとって中学・高校時代は、特に父親の役割が大切だということです。「父親は十人の教師に等しい」「どんなに優れた教師でも、優れた父親の役割を果たすことはできない」との言葉通りです。

では、子どもにとって幸せな家庭とは、どんな家庭なのでしょうか。一般には、三つの声の聞こえる家庭だといわれています。一つ目は、何でも話し合える「話し声」の聞こえる家庭。二つ目は、「笑い声」の聞こえる家庭。三つ目は、時には「歌声」の聞こえる家庭だといわれています。

私はこの三つに、さらにもう一つ付け加えたいと思います。それは「祈りの声」のある家庭です。偉大な科学者であるガリレオの言葉に、「神なき知育は知恵ある悪魔をつくるのみ」とあります。確かに、知識を教える知育も大切ですが、この世の中に人間の力の及ばない偉大な力のあることを教える教育こそ、生きる力を育む教育であり、心豊かな子どもを育む教育だと思います。

私が勤める学校では、週に一日、専門のカウンセラーを置き、不登校、あるいは家庭内暴力、いじめ等に対応しているのですが、こうした問題は、子ども本人より親に問題があることが少なくありません。

というのも、親は、自分が自分の親からされたように、わが子にしている場合が多いからです。ですから、親自身が変わることによって、子どもも変わるのです。つまり、子どもは確実に親の姿を見て成長しているということです。したがって、家庭での親の心は、子どもと共に自らも育つ姿勢が大切なのです。

一人ひとりの子どもたちは、他人と比較されるために生まれてきたのではありません。一人ひとりが自分らしさを見いだし、それぞれに相応《ふさわ》しい花を咲かせるために生まれてきているのです。

子どもたちの将来の夢を育む場は、家庭であり、学校であることを、私たち大人が自覚して、「明日の天気は変えられないが、明日の子どもの生き方は変えられる」との強い信念で、明日の時代を担う、心豊かな子どもたちを育てていきたいと私は思っています。

「もったいない」と「感謝の心」

吉《よし》福《ふく》高《たか》晃《あき》

昭和5年生まれ　北九州《きたきゅうしゅう》市八幡西《やはたにし》区
西鎮《さいちん》分教会前会長、東神田《ひがしかんだ》大教会役員
元福岡県同宗連議長

早いもので、二十一世紀に入って五年が過ぎました。

「二十世紀は機械の音が聞こえた。二十一世紀は心臓の音が聞こえるだろう」

この言葉は、二〇〇〇年十二月三十一日、いよいよ明日から二十一世紀になるという日の新聞広告の中にあったメッセージです。

二十世紀は、人類が科学文明・物質文明を第一に考えて歩んできた世紀です。これは、一面には〝戦争の世紀〟であり、命が軽《かろ》んじられた世紀だったともいえるのではないでしょうか。

その反省のうえに立って、二十一世紀こそは、人間が本来あるべき姿で、自他ともに命を大切に、共に生きていく世紀でありたい。このメッセージには、そうした願いが込められているように思うのです。

さて、私たちが〝生きている〟ことは、いったいどういうことでしょうか。簡単に言えば、心臓が動いているということではないかと思います。ちなみに私の場合、脈を測ると、一分間に約七十回、一時間に約四千二百回、一日になると約十万八百回も心臓が拍動して、身体《からだ》の隅々まで血液を送っています。それが〝一日生きた〟ということです。私の心臓は七十四年間、一日も途切れることなく働いてくれています。これが、いま生きているということです。

それだけではありません。私たち人間は、太陽の温《ぬく》み・光である火、天から降る潤《うるお》い・海や川の水、また、目には見えない空気・風、これらの大自然の恵みによって生かされているのではないでしょうか。

また、私たちは生きていくために、ものを食べなくてはなりません。私たちの食事に使われる材料の一つひとつにも、やはり命があります。それらの命を頂いて自分の命の糧《かて》としているのです。そのことに気がつけば、「ありがたい」という感謝の心が生まれると思います。ですから、「いただきます」と手を合わせ、「ご馳走《ちそう》さま」とお礼を言うのは当たり前のことなのです。

最近注目されている「もったいない」という言葉があります。この日本特有の言葉には、ものを大切にするという心はもとより、自分が生きていることへの感謝の心も込められているように思います。

ところで、近ごろ若者の自殺が増加しています。そこに、いまの若者が苦しんでいる、悩んでいるということが窺《うかが》えるのではないかと思います。

数年前のことですが、子どもや若者が悩み苦しんでいるのは何か原因があるのではないか、子どもたちの環境に何が起こっているのかと、中央教育審議会が全国の教育関係者に調査を依頼したことがありました。その結果、最も多い原因は、両親や家庭にあるということでした。両親の不和や離婚といったものが、子どもたちのその後の生活に大きな影響を与えていることが分かったのです。

駅の周辺やコンビニなどで若者たちがたむろしているのを見かけます。私はあるとき、一人の子どもに「家はあるの?」と聞いたことがあります。すると、その子は「あるよ」と答えました。

私が子どものときは、夕方になると家に帰るのが当たり前でした。私は、いまの子どもたちや若者たちには〝家はあっても家庭がない〟のだと思います。

さて、親が子どもにすべきことの最たるものは、教育としつけだと思います。

赤ちゃんの一カ月間の脳の発達は、大人の十年分に相当するともいわれ、脳の機

自分の誕生日は両親に感謝する日

能は五歳までにほとんど完成するのだそうです。だからこそ、幼いころに人としての教育やしつけがなされなければならないと思うのです。

キレる、家庭内暴力、校内暴力、不登校、ひきこもり……。子どものさまざまな問題の多くは、幼いころの親の子育てに原因があるといっては言いすぎでしょうか。

ところで、皆さんは、自分の両親に感謝をしているでしょうか。

私は父母の生前、それぞれの誕生日に

は贈り物をしていました。また、母の日や父の日、敬老の日、そして十一月五日にも、私は父母の喜ぶものを贈っていました。

十一月五日というのは、実は私の誕生日なんです。なぜ、自分の誕生日に親に贈り物をするのか。それは、父にある歌を教えられたからです。

諸人《もろびと》よ思い知れかし己《おの》が身の　誕生の日は母苦難の日

いまから七十四年前のその日に、母は青竹を裂《さ》くようなつらい思いをして私を産み、育ててくれました。そのおかげで今日の私があるのです。だから、むしろ自分の誕生日は親に感謝し、お礼を申し上げる日でなくてはならないと思うのです。

このような心も、親から子へ受け継がれる大切なしつけの一つではないかと思います。

親子を一本の木に例《たと》えれば、親は根であります。根がしっかりしていると、枝先は栄えます。親は親であることを自覚して子を育て、子は親を大切にしなければなりません。

いま、核家族になって、この当たり前で一番大切なことがなおざりになっているのではないかと思うのです。またそこに、子どものことで悩み苦しむ運命が待っているように思えてなりません。


科学の著しい進歩によって、人間のＤＮＡの解読に成功しました。その遺伝子の中には、私たち人間の歴史が記されているのだそうです。

私たちの今日は、その歴史を経た今日であり、また、子どもに、孫に、子孫に、永遠に受け継がれていく今日でもあるのです。

そう考えると、一日一日をもっと大切にしなければならないと思います。いまあることを当たり前と思わずに、生きていることに感謝し、自分の身の周りに、親に感謝する。「ありがたいな」「もったいないな」という心が大切です。そしてさらに、人々に、社会に役立つ生き方を心がけたいと思います。

「母の心」「父の心」

松本《まつもと》　滋《しげる》

昭和8年生まれ　東京都文京区《ぶんきょう》
谿郷《けいごう》分教会長、東大教会理事
聖心《せいしん》女子大学名誉教授

近ごろ、目を覆《おお》いたくなるような事件が次々と起こっています。とくに心の痛むのは、子どもや若者が思いもよらない凶悪事件の被害に遭《あ》ったり、加害者になってしまうことです。どうしてこんなことが起こってしまうのでしょうか。

その理由はいろいろあると思いますが、私はなんといっても原因の根本は親にあると考えています。

いまの日本では、親が本当の意味での〝親〟になれていないのではないでしょうか。言い換えると、親が本来の「親の心」というものを見失っているのではないかと思うのです。

親には父親と母親がいて、「親の心」も「父の心」と「母の心」というように、分けて考えることができると思います。

この二つの心は、それぞれ違う特色を持ち、また両方とも人間誰《だれ》もが持っている大切な心です。そして、それがバランスよく働いてこそ、家庭も社会も安定すると言えましょう。

では、その「父の心」「母の心」とは、いったいどういう心のあり方なのでしょうか。

まず「母の心」。これはひと言で言えば、〝つつむ〟〝つなぐ〟〝受け入れる〟という言葉で表すことができると思います。

人間は母親のお腹《なか》にいるときから、生まれてしばらくの間まで、母親にあるがまま包み抱えられ、受け入れられて育ちます。その時期のことを覚えている人はいませんが、それはまるで天国《パラダイス》のようなものとして、無意識のうちに人の心魂に刻み込まれている、とされています。

そして、それが生涯続く「母なるもの」のイメージの源泉となると言われているのです。

それに対して「父の心」というのは、〃離す〃〃分ける〃〃筋を通す〃といった言葉で表すことができると思います。

本来、父親というのは母親と違って、一歩離れたところ、大所高所から物事を見、判断する。天地自然の理法や人間の生きる道筋をしっかりと教え示し、子どもが「母子一体」的状態から独り立ちしていく不安なときに、支え、力づける。そういう立場、役目を持っているものと言えます。

イメージとしては、「母の心」が〃大地〃なら、「父の心」というのは〃天〃のようなものと言えるかと思います。

さて、話を分かりやすくするために、ある物語を取り上げたいと思います。それは、手塚治虫《てづかおさむ》原作の『どろろ』という物語です。

とても長い物語だったので、私は内容をほとんど忘れてしまいましたが、ただ一つ印象に残っている場面があります。それは、主人公の「どろろ」の父親と母親の死のあり方です。

どろろの父親は野武士軍団の頭《かしら》でしたが、仲間に裏切られて親子共々群れから追い出され、路頭に迷い、日々食べるものにも苦労するようなときを過ごすことになりました。

あるとき、彼らの傍《かたわ》らを公家《くげ》の牛車《ぎっしゃ》が通りかかりました。その牛車に乗ったお姫様がどろろの哀れな姿を見て、「このお饅頭《まんじゅう》をお上げ」と家来に渡すのですが、その家来はその饅頭を彼らに向かって放り投げたのです。ひもじいどろろは、転がってきた饅頭に急いでとびつきます。ところが、その途端に、父親はその饅頭を足で踏み潰《つぶ》してしまったのです。そして大声で怒鳴《どな》りました。

「人に食べものを渡すのに、地べたに放り投げるとは何事だ！　失礼千万ではないか！」

それが元で争いになり、父親は公家の家来十数人と戦いますが、最後には遠矢に射《い》られ、何人もの相手を道連れにしながら死んでしまいました。

残された母親とどろろが京の町を当てもなく歩いていると、町角でお坊さんの配る雑炊《ぞうすい》を人々が行列をつくってもらっていました。当然、どろろの母親もその列に並び、やがて雑炊を受け取る順番が来ました。

ところが、母親は雑炊を受けるお碗《わん》すら持っていませんでした。そこで母親は、自分の手のひらをお碗のようにして「どうぞ、ここにお恵みください」と、お坊さんの前に差し出したのです。

お坊さんは驚いて、「そんなところに熱い雑炊を受けたら、大やけどをしてしまう。おやめなさい」と止めましたが、どろろの母親は聞きませんでした。
「いえ、私の手はどうなっても結構です。どうぞ、ここにその雑炊をください」
お坊さんは仕方なく、母親の手に煮えたぎる雑炊を注ぎました。母親はその猛烈な熱さ、痛みに耐えて雑炊を受け取り、それをどろろに食べさせました。何も知らないどろろは、「おいしい、おいしい」と言って、ひと口も残さず食べてしまいました。

やがて夜になり、ひと休みと思い腰を下ろし、そのまま眠ってしまいました。その夜は寒さが厳しく雪も降り出し、二人の上に積もっていきました。翌朝、どろろは元気に目を覚ましましたが、どろろをかばうようにしていた母親は、飢《う》えと寒さで冷たくなっていたのでした。

この二つの場面に私は深い感動を覚えました。なぜなら、それが私のずっと思い続けてきた「父の心」と「母の心」というものを見事に描き出していたからです。

どろの父親は、子どもに対して、〝どんなに貧しくても、飢えても、人間としての尊厳を失ってはいけない〟〝ものごとの善悪のけじめをしっかりつけなくてはならない〟というメッセージを命にかえて残しました。

これに対して母親は、何も分からない子どもをあるがままに受け入れ、自分は食べなくても子どもに食べさせ、自分の身体《からだ》を犠牲にして子どもを守り、その結果、命を落としたのです。

この二人の親の姿というのは実に対照的ですが、両方とも親の心の表現であり、人間の本来の心だと思います。「母の心」とは、どこまでもつなぎ、包み入れる恕《ゆる》しの心であり、「父の心」とは、物事の筋目・理の筋道をしっかりつける、けじめの心ともいえましょう。

大切なことは、この両方が家庭の中、社会の中で、バランスをとって働いているということです。

今日の日本では、そのバランスが崩れ、甘やかしすぎたり厳しすぎたりしています。いや、恕す優しさもなければ、けじめの厳しさもないような家庭が少なくないのではないでしょうか。それが、さまざまな痛ましい事件の大元になっているように思います。

昔は当たり前のように生きていた、この「母の心」と「父の心」というものをあらためて見直し、取り戻すということが、幸せな家庭、心豊かな社会に向かう大切な出発点だと信じます。

第四章

老《おい》

「お茶が飲める」という贅沢

京塚《きょうづか》　貢《みつぐ》

昭和7年生まれ　神戸市長田《ながた》区
五港《ごこう》分教会前会長、布教の家「兵庫寮」寮長
神戸刑務所教誨師《きょうかいし》

人間は誰《だれ》でも、いつかは老いるものです。

私は昭和七年生まれですから、今年で七十三歳になり、老人と呼ばれるようになりました。そんな私に、女房が言うのです。

「あなた本当に七十三歳？　若く見えるわ」

「何歳ぐらいに見える？」

「七十二歳」

そう言われて、ガクッとしてしまいました。でも、同じ七十三歳の人でも、なかには「九十歳に見える」と言われる方もいるかもしれません。ならば、小さなことでも喜んで、心をウキウキさせて、人と楽しく暮らすことが大切だと思うのです。

そこで、老後を人と楽しむ人生にするには、どんなことを心がければいいのか考えてみました。

一つは、健康に注意するということ。特に、心の健康を心がけることです。もう一つは、明るい人柄になることです。

まず、心の健康というのは、不足や腹立ちをしないこと。そのためには、人の言うことをいちいち気にしないことです。「あの人はあんな髪形をしている」とか「いつも同じ服を着ている」とか「あの人とあの人は、いつも一緒に歩いている」などと言われて、ついつい気にしていませんか？　そして、そんな些細《ささい》なことが、やがて心の負担になってくる場合も少なくないと思います。

「不足に思ったり、腹を立てたりすると、自分が損をする」と分かってはいても、止められないのが心の癖《くせ》です。不足や腹立ちをしてしまう癖を心から取っていく、そういう努力をしたいものです。

そして、不足や腹立ちは小さく、喜びは大きくしていくことです。オーバーに喜ぶのです。「わー、嬉《うれ》しいな。ありがたいな」「あなたに会えて良かったわ」「おいしいなあ」などという言葉を、どんどん出していくことが大切だと思います。喜びは大きく、不足や腹立ちは小さく、これがポイントです。

それから、何ごとも苦にしないこと。それこそ、あっけらかんと暮らすことです。「あー、けっこう、けっこう」と言って暮らすような心。これが、心の健康で一番大切ではないかと思います。

次に、明るい人柄になるためには、どうしたらいいのでしょうか。

まず、笑顔を忘れないことです。家の中でも、あるいは人と話をするときでも、笑顔を忘れてはいけません。ずっと笑えというのではありませんが、たとえば冗談を聞いたときなどは意識して笑ってください。これは大事なことです。

それから「いつもありがとう」と、こちらから声を掛けるような、愛想のいい人になることです。そして、人の陰口は言わないで、人に不足や腹立ちをさせないように気をつけることです。

心の健康を心がけること。明るい人柄になること。この二つが、人と楽しむ毎日の生き方ではないかと私は思います。


あるとき、九十歳になる近所のおじいちゃんのお見舞いに病院へ行きました。点滴を打っていたそのおじいちゃんは、

「点滴というのは便利でいいですよ。喉《のど》は渇かんし、お腹《なか》は減らんし、ご飯も食べなくていいから楽ですよ」

と言うのです。そこで私が、

「へぇー、便利なものができたんですね」

と言うと、おじいちゃんは急に寂しそうな表情をして、話し始めました。

「でもね、足が弱らないように病院内を歩くんですが、サロンの前を通ると、みんながお茶を飲んでしゃべっているんです。その輪の中へ入ろうかと思うんですが、私はお茶を飲むことができない身体《からだ》だから、仕方なく部屋に戻るんです。部屋は、息子が一日一万円の特別室を用意してくれたから、誰にも遠慮気兼ねはいらないし、風呂《ふろ》もトイレも冷蔵庫も付いているし、結構なものです。しかし、一日一万円の部屋でなくてもいいから、やっぱり自分の山でゴクゴクとお茶が飲みたいなあ」

私はハッとしました。その朝、私はご飯を食べてきました。お茶も飲んできました。ところが、そんなことは当たり前で、朝ご飯を食べられたことを贅沢《ぜいたく》だとは思っていませんでした。しかし、おじいちゃんの話を聞いて、「もっともっと喜ばないといけなかった。ありがたい、もったいないという心が足りなかった」と気づいたのです。

何ごとであっても、喜ばない心は、贅沢な心です。私たちは「ご飯を食べることができてありがたい、お茶を飲むことができてありがたい」と、どんなことにも感激できるような心を、もっともっと多く持たなければいけないのではないでしょうか。

このことがきっかけで、私は次のような人生訓を作りました。

一、ありがたい、もったいない、嬉しい。同じ人生を生きるなら、こんな心で生きたほうが得だ。

一、「心は種」と教えられるが、まさにその通りだ。嬉しい心の種を蒔《ま》いたら嬉しい人生。不足、腹立ちの心の種は、不足の人生、腹立ちの人生。

一、当たり前と喜ばない心は贅沢。贅沢は家庭と人生を壊す恐ろしいばい菌。

一、目が見える、耳が聞こえる、お茶が飲める。こんなことは当たり前ではない。こんなありがたい、もったいない、嬉しいことはない。

一、夫がいる、女房がいる、親がいる、子どもがいる。こんなことは当たり前ではない。こんなありがたい、もったいない、嬉しいことはない。

こういう人生訓を作って自分なりに努力しています。そして、こういう気持ちで毎日暮らすことが大切だと思います。

皆さん、共々に楽しく、そして周りの人にも楽しんでもらえるような、「老後を人と楽しむ人生」を歩もうではありませんか。

人生にブレーキはかけない

伊藤正和《いとうまさかず》

昭和10年生まれ　名古屋市西区《にし》
愛知旭《あいちあさひ》分教会前会長、幅下《はばした》大教会役員
名古屋市拘置所教誨師《きょうかいし》、全国教誨師連盟評議委員

現在、日本は世界一の長寿国になりました。しかし、もともと長生きできる国民であったかといえば、決してそうではありません。かつては、世界でも指折りの短命な国民でした。「人間五十年」と、人生はわずか五十年で終わりだといわれていた時代もありました。それくらい寿命の短かった国民が、この十数年来、長寿世界第一位を保持しています。

そして、いまの日本は、世界に誇《ほこ》る経済大国です。平和で豊かな国です。しかし、昔から豊かな国であったかといえば、そうではありません。終戦後の日本は、食べる物はない、着る物はない、住む家もない、国民の大半が栄養失調でした。日本の歴史の中で最もどん底の時代でした。

日本は、そんな中から立ち上がってきたのです。幸い、日本の国民にはもともと働き癖《ぐせ》というのが身についていて、働く能力に恵まれていたのです。「月、月、火、水、木、金、金」と言って、休むことなく無我夢中で働いてきました。そして、ふと気がつくと、日本は経済大国になっていたのです。

では、どん底にあった日本をここまで立て直したのは誰《だれ》でしょうか。それは、現在の高齢者といわれる方々です。

日本のお年寄りは立派です。大きな功績を残してくださいました。こんな立派な働きをしてくれたお年寄りの皆さんには、これから先も堂々と胸を張って、楽しく生きがいのある人生を歩み続けてもらいたいと思います。

さて、日本は形のうえでは豊かになりましたが、お金や物が豊かになればなるほど、人々の思いやりや人情が薄くなり、お互いのたすけ合いの絆《きずな》が失われてきました。これは、人の心を育てていく中で最も大切な宗教というものを、教育の場からカットしてきたことが原因だと思います。そしてそのツケが、いまの社会に回ってきているように思うのです。そのため現在の社会には、さまざまな歪《ゆが》みが現れ、いろいろな問題が発生しています。

その一つが、高齢社会にまつわる問題です。せっかく長生きできるようになったけれども、病気を患っている人があまりにも多いのです。厚生労働省の調査によると、高齢者の六〇パーセント以上が何かしらの病気を抱えているといわれています。その中でも、介護人がいないと生活できない高齢者は、推定で三百四十万人以上もいるというのです。その大半が認知症や寝たきりの人で、その数はどんどん増えつつあります。これは、まさしく社会問題です。

立ち止まらずに進むこと……

私も今年で七十一歳になりました。私たち高齢者は、この問題にどう対応していけばいいのでしょうか。

まず、どんな人がどういうときに認知症になるのかを調べてみました。その結果、驚いたことに六十代で認知症になる人がたくさんいるのです。男性は定年退職して半年から一年の間に、女性は子育てを終えて、握っていた家庭の財布のひもを若い世代に譲り渡した時期です。これらは六十代後半です。なぜ、この時期なのでしょうか。

人は生きがいを見失ったとき、つまり、

自分の進む道に戸惑ったり、立ち止まってしまったときに、老化現象が現れやすいものです。そのため、六十代で認知症が発生しやすくなるというのです。

こうした事例から、認知症を予防するためには、立ち止まらずに進むことが大切だと分かります。進むことを忘れてしまうと、楽しく生きられなくなってしまうのです。たとえば、バスや電車に乗ったときでも、走って進んでいくから楽しいのです。じっと止まっていたら、ちっとも楽しくありません。これと同じように、人生も立ち止まってしまうと、楽しく生きられなくなるのです。

「年だからだめだ。あれもこれもしたいとは思うけれど、できない」と言う人がいますが、誰がそんなことを決めましたか？　年だからできない。そんな規則もなければ決まりもありません。それは、自分で勝手にブレーキをかけてストップしているのではないでしょうか。こういう考え方は良くありません。老化を早めるだけです。

これからはそういう考え方をやめて、朝、目が覚めたら「今日《きょう》一日をどうやって楽しく過ごそうかな？」と考えてみてください。これは前進をしていく考え方ですから、良いことが頭に浮かんできて、楽しみが広がってくるはずです。

今日という日は自分自身にとって一番若い日です。だから毎日、自分にこう言い聞かせるのです。「今日を頑張らなかったら、いつ頑張るんだ？」と。これが一番の老化防止であり、認知症を予防する、百薬にも勝《まさ》る心がけです。

さらに付け加えるならば、高齢社会というのは、私たち高齢者が若い人たちに頼りきって通ればいいという社会ではありません。私たち高齢者が、もう一歩でも二歩でも前進をしなくてはならない社会です。私たちがもうひと頑張りしないと、日本の社会は良くなりません。若い人たちが良くなりません。私たちがもう一歩でも前進して、立派な社会をつくっていきましょう。

そして最後に、人が人を信じて生きていく中にこそ、幸せがあります。私たち高齢者は、若い人たちを信じて生きましょう。きっと若い人たちが、いまよりもっと立派な社会をつくってくれるはずです。そのことを信じて、若い人たちに本当のこと、真実を少しでも残していきましょう。伝えていきましょう。そういう心になりますと、若い人たちとお付き合いをすることも楽しくなってきます。

なんと言いましても、私たち高齢者には長年の人生経験、キャリアがあります。それを活《い》かして、若い人たちとしっかりと心を結び合い、和気あいあいとした社会、互いにたすけ合う社会、陽気ぐらしの社会の実現に、少しでも貢献させていただこうではありませんか。

長寿の秘訣はねぎらないこと

小野宏昭《おのひろあき》
昭和17年生まれ　東京都八王子市《はちおうじ》
東向上分教会長《ひがしこうじょう》、東中央大教会役員《ひがしちゅうおう》

私が若いころ、ある百歳を超えた方に〝長寿の秘訣《ひけつ》〟を聞いたところ、面白い答えが返ってきました。

「ものを買うときに、ねぎらないこと」

当時の私は、ねぎる・ねぎらないがどうして長寿につながるのか、全く理解できませんでした。しかし、そのことを心に留《と》めながら年を重ねるうち、このごろようやく、その意味が分かってきました。

まず、ねぎるということを考えてみます。

人から「このものの値打ちはこのくらいありますよ」と言われたとき、「いや、それほどの値打ちはないんじゃないかな？　もう少し低いのでは……」と、ものの値打ちを低く見る、ものの価値を下げて見ることが、ねぎるということだと思います。

次に、ものについてですが、よく考えてみますと、人が作ったものは、基本的に人の命を守るようにできています。

たとえば、家の中の天井《てんじょう》、壁、柱、窓ガラスなどは、冬の寒さや夏の暑さ、雨、風、雪、ホコリなどから私たちを守ってくれています。食べ物や衣類も、私たちの命と身体《からだ》を守ってくれているということは言うまでもありません。

このように考えると、ものをねぎるということは、ものの価値が分からない、もののご恩が分からないということになるのではないでしょうか。

しかも、私たちが生活で使用しているすべてのものは、実はタダなのです。

また、私たちが生きていくうえで欠かせない水、これもタダなのです。「冗談じゃありません。ちゃんと水道料金は払っています」と、おっしゃる方もおられるでしょうが、皆さんが払う水道料金は、水源地から各家庭の蛇口《じゃぐち》まで、水道工事をしてくれた人の手間賃、資材費、その他の諸経費に対する代金でしかありません。たった一つ、水道料金に含まれていないのが水の値段ですが、これはタダなのです。

たとえば、梅雨《つゆ》時に雨が降らなくて、水道局員が「今年の夏は水不足に悩まされそうだ」と頭を抱えていた矢先、水源地に集中豪雨があり、あっという間に水位が回復したとしましょう。そのとき、水道局員が「この水をタダで使っては申し訳ない」と、五百円玉を何枚か貯水池に放り込んでいるとしたら、これは水の代金を払っていることになるかもしれませんが、そんな話は聞いたことがありません。また、五百円玉なんかを放り込んだら、水質汚染につながりかねません。そんなことをしている例は、世界中どこを探してもないと思います。

同じように、工事をした人や水を飲んだ人が、交通費を使ってまで水源地へ行ってお金を投げ込むようなこともありません。水道局員も工事をした人も、そして水を飲んだ人も、水そのものには一銭も払っていないのです。つまり、水はタダなのです。

では、食べ物はどうでしょうか。

カボチャの種があります。その種を眺《なが》めていても、決してカボチャにはなりません。畑を耕して種を蒔《ま》き、水をやり、肥料を与え、汗を流しながら世話をすると、秋には立派なカボチャを収穫することができます。そして、そのカボチャから種が出てくる。その種を蒔くと、またカボチャになる。種、カボチャ、種、カボチャと続いていきます。

これを逆にたどっていくと、最初に自生するカボチャが必ずあったはずです。野になっていたということは、それを最初に食べた人は、タダで手に入れたことになります。

八百屋《やおや》でカボチャを買うために支払った三百円というのは、農家の人が種からカボチャにまで育てた手間賃や肥料代、仲買《なかがい》などの諸経費であって、カボチャそのものの代金ではないのです。

農作物だけではありません。魚も肉も、そのものにお金を払っているわけではなく、漁師や畜産業者の労働に対する代価なのです。ですから、食べ物はすべてタダなのです。

ものもそうです。土地もそうです。

ある所に私の土地があるとしましょう。権利書も実印もあり、これを法務局の出張所に持っていけば謄本《とうほん》が出て、その土地が私のものだということが証明されます。しかし、そこが私の土地になる前には、ほかの誰《だれ》かが所有していて、そのまた前にも別の所有者がいたはずです。このようにどんどんさかのぼっていくと、最初には必ず、その土地をタダで使っていた人がいます。

大昔、その土地は岩や石が転がっている荒れ地で、大きな木や草が生い茂っていたかもしれません。そこを平らに均《な》らし、家を建てられるように整地して、「私の土地だ」とタダで使っていた人がいるはずです。

最初がタダであれば、カボチャの種と同様、時代を超えて大勢の人がタダで使っていることになります。

では、私たちを守ってくれるさまざまなものを、最初に作ったのは誰かといいますと、それは、命を育《はぐく》み、この世を創《つく》られた神様です。しかも神様は、私たちにタダでお与えくださされているのです。

ですから、ものへのご恩にお応《こた》えするには、神様がお喜びくださる心づかい、つまり、どんなことでも喜び、感謝し、人を喜ばせ、たすける心づかいをもってお返しをすることです。そのような通り方が一番大切だと私は思います。

「人生百年」も夢じゃない

高橋《たかはし》　誠《まこと》

昭和2年生まれ　東京都品川《しながわ》区
品川分教会前会長、牛込《うしごめ》大教会役員
日本赤十字社特別会員

「人生五十年」といわれた時代がありました。しかし、いまの日本では「人生七十年、八十年」、いや「九十年」と言えるかもしれません。

というのも、百歳を超えた方々がずいぶん増えて、一万人以上おられるといいます。平均寿命も延びています。WHO（世界保健機関）の報告（二〇〇五年）では、日本人の平均寿命は八十二歳で世界一。男性はスイスと並んで七十八歳、女性はモナコと並んで八十五歳です。

百歳を超えた方が一万人以上おられて、平均寿命が八十二歳なら、「五十、六十はな垂《た》れ小僧」「七十、八十働き盛り」、九十歳でようやく「年を取ったかな?」、百歳を超えて初めて「高齢者」と呼ばれる時代がくるかもしれません。


ところで、百歳といえば、頭に浮かぶのは、双子そろって百歳を超えた、きんさんぎんさん姉妹です。お二人はコマーシャルなどに出て、だんだんと有名になりました。あのころ百歳の方はそう多くなかったでしょうし、ましてや双子は少なかったので、大いに注目されました。

でも、きんさんぎんさんが有名になったのは、双子の百歳という話題性もあるでしょうが、何ごとにも実に明るい性格だったからではないでしょうか。

こんな話があります。

「新婚旅行はどこに行かれたんですか?」という質問に、二人の答えは「畑」。

確かに、時代が時代でしたから、新婚旅行にも行かず、畑に出られたのだと思います。「あの時代は、新婚旅行どころではなかったよ」と言う人もおられるでしょうが、「畑」という答えには、ユニークで明るい感じがあります。

私の家によくおいでになる八十五歳のご婦人も、実に明るい方です。その方は朝、「おはようございます」とは言わず、「グッド・モーニング！」とあいさつをされます。とても明るく、その姿を見るだけで、私たちも楽しくなってきます。

そして、何にでも挑戦される方でした。六十代で運転免許、七十代でアマチュア無線の免許を取られました。あるとき、息子さんに尋ねたことがあります。

「今度は何に挑戦されるんだろうね？」

「飛行機の免許でも取るんじゃないですか？」

そのご婦人は、昔の方らしく人に肌を見せられませんでした。だから、洋服も自分で袖《そで》を長く作り直したものを身につけ、必ず化粧もされていました。また、カツラも被《かぶ》っていましたが、どこへ行っても、お風呂《ふろ》に入っても取ることはありませんでした。これは、明るい人柄の中にも、緊張感を持っておられたのでしょう。そして私は、そういう点にも若さの秘訣《ひけつ》があるように思うのです。

さて、明るく幸せに長生きするためには、やはり健康が何よりだと思います。なかでも認知症、いわゆるボケを防ぐ六つの心構えがあります。

まず、一番目は「感動する心」。たとえば「ああ、きょうも素晴らしい天気だなあ」と思えるような心です。

二番目は「感謝する心」。朝、目が覚めて「おはようございます。きょうも一日よろしくお願いします」と明るくあいさつができるように、生きている喜びを常に身に感じて感謝する心が大切です。

三番目は「頭の訓練」。幼児教育の必要性についてよくいわれますが、年を取ってからでも、読書などに努めることによって脳が活性化されるのです。

四番目は「働く心」。この「働く」とは、仕事をして賃金をもらう、いわゆる労働のことだけではありません。周囲の人、はたはたの人を楽にさせることで、周囲から頼りにされる人間になっていくことです。

五番目は「緊張感」。少しは緊張感のある環境に身を置いて、脳を活性化させることも大切です。豊かさに慣れて緊張感が薄くなると、ボケてくるそうです。

そして、最後は「よく笑うこと」。これが一番大切です。「笑う門《かど》には福来《きた》る」というように、重い病の方でも、落語などを聞いて笑えば、免疫力が高まるそうです。明るく笑うことは、健康に効果があるだけでなく、認知症の予防にもつながるのです。

先ほどのきんさんぎんさんをはじめ、八十五歳のご婦人のような生き方を皆が心がければ、「人生百年」は夢物語ではないかもしれません。

私はまだまだ七十八歳。生きている喜びを常に心にたたえて、明るくいきいきとした人生を歩んでいきたいと思います。

老いてなお輝いて生きる

清水榮吉《しみずえいきち》

大正15年生まれ　奈良県天理市
同慶《どうけい》分教会長、東《あづま》大教会理事
奈良県日華親善協会理事、元天理大学中国学科助教授

人が幸せを感じるためには、健康である、お金がある、いい仕事をしている、人に恵まれているなど、いろいろな条件があるかと思います。

しかし、それらのありがたさを感じるのは、一人ひとりの心です。

幸せの条件をたくさん与えられていても、それに気づく、それを感じる心がなければ役に立ちません。

ある本の中に、「今朝《けさ》もまた昨日《きのう》と同じ朝を迎えられたことに感謝しよう」という一節がありました。

今朝もまた昨日と同じ朝を迎えられたという、なんでもないことですが、この言葉が私の心に重く響いたのです。朝を迎えたとき、この言葉を思い出しては、「あー、今朝も本当にありがたいことだ」と喜ばせてもらっています。

さて、戦後六十年がたちました。あの終戦の昭和二十年、私は二十歳《はたち》でしたが、八十歳になったいまでも、元気に毎日を過ごさせてもらっています。

昭和の初めのころ、日本人の平均寿命は五十歳くらいでした。それが今日、平均寿命は八十歳を超えています。私は、なんて儲《もう》けものの人生を生きてきたのだろうと、あらためて感じています。そして「いつ何時《なんどき》、どうなっても悔いはない」と思えるように、一日一日をがむしゃらに生きています。

人生には、老いてなお輝いて生きる秘訣《ひけつ》があると、私は思うのです。

使命に燃えて、人生を輝かそう

「もう、俺《おれ》はダメだ」と諦《あきら》めてしまう生き方もあるでしょうし、「老いは不幸の始まりである」というようなマイナス思考で受けとめる人もいるようです。

そうではなくて、老いてもなおかつ、やるべき仕事をたくさん持つこと、自分自身で見つけることが、老いてなお輝いて生きる秘訣だと私は思います。

大げさに言うと、「なんとか自分が生きている間に、少しでも今後の日本が栄えていくように、いまの人たちに伝えておかなければならない。昔の大切なものを残しておかなければならない。思い上がりかもしれないが、自分が生きていることによって、少しでも日本がいい方向に向きを変えていけるように、お手伝いしなければならない」という使命感を持つことが、老いてなお輝いて生きることに繋《つな》がると思うのです。

また、やりたいことをたくさん持つこと、あるいは、会いたい人をたくさん持つこと、これも輝いて生きるための条件だと思います。

かつての総理大臣、小渕恵三《おぶちけいぞう》さんの胸像が、沖縄サミットを記念して沖縄に建てられました。そこには、こう記されています。

「人は、宿命に生まれ、運命に挑《いど》み、使命に燃える」

「宿命に生まれる」。宿命であれば、そこから抜け出すことはできない。「運命に挑む」。しかし運命は、挑み戦うことによって、少しでもよくすることができる。「使命に燃える」。さらに、自分は神様から役割を与えられてこの仕事をしているんだという使命感に燃えて、命を燃やして生き抜いていく。

私は、この言葉の素晴らしさに感動しました。命を与えられている限りは、自分の使命を燃やして生き抜くことが、その人の一生を価値あるものにしていくのではないか。ここにこそ、輝いて生きる秘訣があるのではないかと感じたのです。

せっかく命を与えていただいたのですから、その命を輝かせて生きたい。そして、人は必ずなんらかの使命を与えられて生きていると信じて、その使命に燃えて生きることが、輝く老後の生き方でないかと私は信じています。

お互い、一日一日を輝かせて歩みたいものです。

「ありがとう」に潜む不思議な力

國分《こくぶん》一男《かずお》
昭和18年生まれ　福島県郡山市《こおりやま》
古港《こみなと》分教会長、磐城平《いわきだいら》大教会役員

数年前、全国有料老人ホーム協会が「高齢者の日々の生活」をテーマに川柳を募集しました。名づけて「シルバー川柳」。たくさんの作品が寄せられた中から、いくつか入賞作品をご紹介しましょう。

まず、八十一歳の女性の作品。

お若いわ　その一言で　お得意さん

この方が買い物に行ったとき、店員さんから「お若いですね」と褒《ほ》められたのです。以来、その店のお得意さんになってしまいました、という作品です。

もう一つ、女性の作品。

合コンだ　入れ歯磨いて　紅さして

老人会などの集まりに、入れ歯をしっかり磨いて、ちょっと目立つ口紅をして、いそいそと出掛けていく。老いにとらわれないで、前向きにいきいきと生きる姿を映し出した作品は、女性に多かったようです。

一方、男性の作品はというと、

苦虫《にがむし》を　長年噛《か》んで　歯も抜けた

次の世も　一緒と言えば　妻はNO

など、ちょっぴり悲哀がにじんだ作品が多かったようです。

ところで、皆さんは「一回笑えば一つ若返る。一回怒ると一つ年を取る」という意味の中国の諺《ことわざ》をご存じでしょうか。

私たち人間の顔には、他の動物にはない「表情筋肉」というのがあって、この筋肉は使えば使うほど発達し、使わないと退化してしまいます。たとえば、怒ってばかりいると、その表情筋肉が発達して、いつも怒ったような顔になり、反対に、笑顔でいれば、その筋肉が発達して、普段から明るい人相になっていくのです。

また、笑いは科学的にも健康に役立つことが証明されつつあります。笑いによって免疫力が高まって病原菌も寄せつけず、脳の働きも活性化されるそうです。「笑顔に勝《まさ》る化粧なし」「笑顔は健康の特効薬」「笑いは認知症を防ぐ最大の武器」といわれる所以《ゆえん》です。

赤ちゃんの笑顔は最高です。生まれると間もなく微笑《ほほえ》むようになりますが、あの天真爛漫《てんしんらんまん》な赤ちゃんの笑顔を見ていると、近寄って「バアー」とあやしたくなり、しまいには抱き上げたくなってきます。これは人間だけに見られる行動です。

また、私たちは言葉一つで、恵比須《えびす》顔になったり、閻魔《えんま》顔になったりします。誰《だれ》が言ったか知りませんが、こんな言葉があります。

一つ、言葉でケンカして
一つ、言葉で仲直り
一つ、言葉にお辞儀して
一つ、言葉に涙する
一つ、言葉はそれぞれに
一つ、心を持っている

この言葉に関《かか》わるエピソードをご紹介しましょう。

植木の職人さんから聞いた話ですが、桜の幹を「今年も綺麗《きれい》に咲いたなあ」と褒《ほ》めながらさすってやると、桜の木がブルブルブルッと身を震わすように感じることがあるそうです。

また、私の地元の小学校で、次のような夏休みの研究をした児童がいました。二つの容器にご飯を入れ、片方には「ありがとう」、もう片方には「バカ野郎」と書いたシールを張り、毎日それぞれのご飯に、それぞれの言葉を言い続ける実験をしました。すると、「ありがとう」と言い続けたほうは、あまり変化がなかったのですが、「バカ野郎」と言い続けたほうは、黒いカビが生えてきたのです。桜の木もご飯も、話ができないだけで、人間の言葉も心も伝わっているのかもしれません。

私は、日本語の中で一番美しい言葉は「ありがとう」だと思います。

私の知り合いに、だんだんと身体《からだ》が弱ってきて横になっていることが多くなったおばあちゃんがおられます。

お嫁さんもお孫さんも何かと面倒を見てくれるのですが、その都度おばあちゃんが「すまないねえ、すまないねえ」と言ううち、口癖《くちぐせ》になっていました。

あるとき、お嫁さんに「いちいち、すまないねえ、すまないねえって言わないで」と怒られてしまい、おばあちゃんはしょげ返っていました。

ちょうどそのころ、私が訪ねて行ったので相談を受けました。

「すまないねえって言わないで、ありがとうって言ったらどうですか？」

笑顔と「ありがとう」で周りも明るく

その後、おばあちゃんは、ご飯を持ってきてくれたときも「ありがとう」、お膳《ぜん》を下げてもらうときも「ありがとう」と言うようになりました。それ以来、周りの人が気持ちよく世話をしてくれるようになったということです。

日本語で一番美しい言葉「ありがとう」には、不思議な力が潜《ひそ》んでいると思いました。

また、こんな話もあります。九十歳になる寝たきりのおばあちゃんは、手足も動かず、目もかすんできていますが、私にこう言いました。

「私はまだ、いいほうなのかもしれない。こうして話ができる。身体を動かすことはできないけれども、話ができるっていうのはありがたい」

私は、自分自身に問いかけてみました。

「自分の身体が不自由になったとき、はたして『話すことができるからありがたい』という言葉が出てくるだろうか？」と。

ある日、私がお見舞いに行くと、

「いつもあちこち痛みが走っている。日によって痛いところが違うんだ。でも、痛みがありがたい。痛みがあるからボケないんだ。これは神様がしてくれていることなんだ」

と言われるのです。これも、私には真似《まね》のできないことだと思いました。

不自由な中でも、話ができるのがありがたいと感謝する。痛みにさえお礼を言う。そんな笑顔と言葉に、私は元気づけられたのです。

私たち人間の身体は神様からお借りしていると、天理教では教えられています。

その尊い身体にお礼をすることで、周りの人の心を明るくし、元気づけ、喜ばせることができるのです。私たちの身体には、そんな〝変換パワー〟が備わっているのだと思います。このことを、私は九十歳のおばあちゃんから教えていただきました。

笑顔も「ありがとう」の言葉も、出せば出すほど周りが明るく元気になります。それ以上に、笑顔と「ありがとう」の言葉を出した本人が、誰よりもいきいきと輝いて生きることができるのです。

「人に喜んでもらって嬉しい」老後を

野村英輔《のむらえいすけ》

昭和9年生まれ　宮崎県延岡市《のべおかし》
東延岡分教会長《ひがしのべおか》
医療法人野村病院副院長、聖心《せいしん》ウルスラ短期大学講師

私は、九州で開業医をさせていただいていますが、現代の少子・高齢化に伴って、お年寄りの方の珍妙《ちんみょう》かつ陽気な姿を、いろいろと見聞きするようになりました。

これは、七十五歳の奥さんから聞いた話ですが、久しぶりに元気よく情熱を燃やして夫婦の営みをやり遂《と》げた八十五歳のご主人。自分の布団に戻ったかと思うと、十分も経《た》たないうちに、再び奥さんの布団の中に入り込んできました。

「あなた！　さっき入ってきたばかりじゃないの！」と奥さんが言いますと、「おお、そうだったか」と残念そうに自分の布団に戻られたそうです。つい先ほどのことを忘れてしまわれたのです。

ですが、こういう方はお元気です。性欲も人間の本能の一つですから、「性に強きは、やはり身体《からだ》も元気」ということになるわけです。

また、こんなこともありました。

数年前、九十二歳の男性と七十八歳の女性が老人ホームで結婚式を挙げまして、私も出席させていただきました。とても活気があり、いい雰囲気の結婚式で、新郎新婦も大きな声で愛の言葉を交わしておられました。

後で聞いたら、実はこの新郎新婦、二人ともかなり耳が遠かったそうです。だから、大声で話さないと相手に聞こえないのです。

しかしながら、この「大きな声で話ができる」ということも、大変元気だという証《あか》しなのです。

ところで、昔から七十歳は「古来稀《まれ》なり」ということで、「古稀《こき》」と呼んでお祝いしていますが、いまやこの古稀、七十歳を超えた方は実にたくさんおられるので、稀とは言い難《がた》くなりました。日本人の平均寿命は、すでに九十歳に手が届こうというところまできています。

であれば、人は九十歳くらいまで何らかの働きをすることが、健康上も必要なことだといえるでしょう。

医者の立場から見ましても、何もしないお年寄りは、手足がすぐに弱って、具合の悪い状態になられます。これを「廃用症候群《はいようしょうこうぐん》」といいます。だからこそ、お年寄りの方にも一生懸命に働いていただきたいと思うのです。

また、ちょっと見方を変えてみますと、たとえば八十歳の方は七十歳の方に比べて、十年分多く社会の恩恵を受けているとはいえないでしょうか。ですから、年長者であればあるほど、社会に対してご恩報じをするという考え方、あるいは働きが必要ではないかと思います。酷《こく》な言い方かもしれませんが、楽々の世界に健康はありません。

動物園のライオンと、原野を駆けめぐる野生のライオンとでは、確かに動物園のライオンのほうが長生きです。しかし、動物園で大事に大事に飼育《しいく》されているライオンは、いつも病気がちだそうです。

これは、現代の高齢者介護にも通じる点があると思います。

お年寄りの方が福祉政策の恩恵を受けられるのは当然ですが、それに甘えきって、自らの努力を怠《おこた》ることになれば、かえって身体の衰えを早めるという現実を、私が出会うたくさんの方々の姿を通して実感しています。

天理教では「働くとは、はたはた（側々、周囲の人）を楽にさせるから、はたらくという」と教えられています。ですから、お年寄りの方は、ご自分の体力と能力のある範囲で、とにかく「人が少しでも喜んでくれる、楽しんでくれる。若い人に少しでも力を貸すことができる」といった、はたはたの人に楽をしてもらうという働きの精神が、一人ひとりの健康上にも非常に大切だと思います。

町のかかりつけ医として、私はその家庭の内情、あるいは、いろいろな心のトラブルと病気との関係を察知できる機会が多くあります。その立場から見ますと、「人間は年を取るほど、心と身体の関係が深くなる」ということを痛切に感じます。たとえば、不足、腹立ち、負けるのが嫌いな人は、心臓病や高血圧などの循環器系の病気になりやすい。あるいは、落ち込みやすい抑鬱《よくうつ》的な人は、胃腸の病気になりやすい傾向があるように感じます。

私はこれまでの経験から、これを私なりに川柳にまとめてみました。そのいくつかを挙げますと、

腹立ちを　集めて起こる　脳卒中

いらだちと　負け嫌いとで　狭心症

責め言葉　やり取り多く　高血圧

言い返す　言葉抑えて　胃潰瘍《かいよう》

と、このような具合です。

さて、私は医者として、お年寄りの方々にこんなお話をさせてもらっています。

一つには、たすけ合いの中で、お互いの間に交《か》わされる感謝の心は、互いの生命力を高めるということ。

二つ目は、「まだ自分にはやることがある。あの人のためにも、この人のためにも」という役割意識が、健康増進に非常に大切だということ。

三つ目には、屈託《くったく》のない日々を送ること。たとえば、ある人ときょうケンカをしたとすれば、そのストレスをあしたに持ち越してしまうと、抵抗力・免疫力は落ちてしまいます。ですから、こちらから頭を下げて仲直りをする。そうすれば、崩れかけた免疫力・抵抗力も早く元に戻るということ。

四つ目は、孤独と孤立、これは心にも身体にも「害あって益なし」です。人との交流を数多くして、その中に笑い話を多く取り入れること。笑いは人間の元気を高める元になります。

そして、最後の五つ目は、「百歳以上で元気な方は、七十代・八十代のころに、人のお世話をしていた方が多い」という統計調査の結果です。つまり「してもらって嬉《うれ》しい」という喜びよりも、「人にしてあげて喜んでもらって嬉しい」という喜びのほうが、どうやら私たちの身体の抵抗力を高めるうえに役立つということを、お話ししています。

一開業医としての臨床経験から言いましても、まさに「病の元は心から」。健康な老後を送るためにも、心と身体の関係はとても重要だと実感しています。

さらには、喜びと生きがいを持って、人様の健康を心温かくサポートさせてもらうことが、医者としてのあるべきつとめだと痛感している、今日《きょう》このごろです。

第五章

道

みち

素直な心で何ごとも喜ぶ

村田幸太郎《むらたこうたろう》
昭和13年生まれ　奈良市
本部准員、満洲眞勇《まんしゅうしんゆう》分教会長、「憩《いこい》の家」事情部講師

皆さんは「座右《ざゆう》の銘《めい》」という言葉をご存じですか。辞書をひいてみると、「座右」は「座席の右、転じてかたわら、そば」。「銘」は「自分の戒《いまし》めとする語句」。そして「座右の銘」とは「常に身近に置いて戒めとする格言」とあります。これは、人間にとって、人生にとって、大きな目標に向かう小さな指針であって、とても大切なものだと思います。

天理教教祖、私たちは「おやさま」とお呼びしてお慕いしているのですが、おやさまは「人間生活の目標は陽気ぐらしである」と教えてくださいました。陽気ぐらしとは、毎日を明るく暮らす、楽しく暮らす、仲良く暮らす、そして、たすけ合って、感謝して、喜んで暮らすということです。

私は三十数年前から「one《ワン》 day《デイ》 a《ア》 lifetime《ライフタイム》（一日生涯）」という言葉を、自分自身の生き方の指針としてきました。こうして今日《きょう》も生かされているという、この喜びを味わいながら日々暮らしていく。言うならば、これが私の「座右の銘」かもしれません。

さて先日、友人と居酒屋へ行ったときのことです。店にはいろいろなお酒があり、その中に「上善如水《じょうぜんみずのごとし》」という日本酒がありました。「変わった名前だな」と思いながら、それを注文して、どういう意味なのか聞いてみましたが、誰《だれ》も知りません。

数日後、京都大学大学院で文学を専攻していたある方が、その意味を教えてくれました。〃上善は水の如《ごと》し〃。これは中国の思想家・老子《ろうし》の言葉だそうで、「〃上善〃上の善、つまり最も善いことは誠であり、〃水の如し〃水のようなもの」という意味だそうです。

水は高い所から低い所へ流れ、また、器に入ったら器の形通りになります。こういう無為自然《むいしぜん》というか、人工的な作為の無い、あるがままの自然な生き方こそが〃上善〃だということです。

また、日本の有名な僧、良寛《りょうかん》が七十三歳のときに詠《よ》んだ句があります。

うらを見せ　表を見せて　散るもみじ

私はこの句に「素直」ということを強く感じました。人間は素直な生き方、誠真実の生き方、何ごとも喜ぶ感謝の生き方が大切だと思うのです。

父はよく「ナスビを蒔《ま》いたらナスビができる。大根を蒔いたら大根だ」と言っていました。いまだに私の耳に残っています。

あるとき私の孫が、学校であったこんな話をしてくれました。

少し前、小学校の菜園にクラスでゴーヤ、いわゆる苦瓜《にがうり》の種を蒔いたそうです。しばらくしてゴーヤの芽も大きくなったので、それぞれが担当した場所へ行って、みんなで観察することにしました。

すると、一人の男の子が「先生、僕の葉っぱ、みんなのとちょっと違う」と言いました。でも、みんな同じゴーヤの種を蒔いたのですから、同じ葉っぱが生えているはずです。

先生は「そんなことはないでしょう?」と言って取り合いませんでした。けれども、また別の子が「僕のもちょっと違うよ」と言いだしたのです。

さすがに先生も気になって、その子の言う葉っぱを見てみると、確かによく似てはいますが、少し違うのです。先生は種を保管していた倉庫へ行って、しばらくして戻ってくると、みんなに言いました。

「ごめんなさい。一つだけヘチマの種の袋が交ざっていました」

種はとても正直です。

この世の中は蒔いた種の通りになってきます。そして、種にもいろいろあります。良い種もあれば、悪い種もあります。

良い種を選んで、心の種蒔きをしていく日々の姿勢が、私たちの大きな目標である陽気ぐらしへの確かな歩みなのではないでしょうか。

現代社会は、環境問題や少子・高齢化をめぐる問題など、さまざまな課題を抱えています。しかし、その中で大切なことは、自分自身がどういう生き方をするのか、自分自身の役割は何かということを考えて生きることだと思います。

〝素直な心で何ごとにも喜んで生きる〟

〝一つの喜び、一つの感謝〟

こうした生き方を世界に広めていくことが、私自身の目指す生き方であり、良い種蒔きなのだと信じています。

目に見えない徳こそ幸せの条件

岩《いわ》切《きり》正《まさ》幸《ゆき》

昭和9年生まれ　長崎県南島原《みなみしまばら》市
島原分教会前会長、芦津《あしつ》大教会役員、長崎教区長
長崎刑務所教誨師《きょうかいし》会会長

人は皆、幸せを願うものです。しかし、何が幸せなのか、どうしたら幸せになれるのか、そういうことが分からない人が多いのではないかと思います。

「幸せの条件とは何か？」との問いに対して、お金があったらとか、家が立派だったらとか、仕事がうまくいったらとか、子どもが優秀だったらなどと、いわゆる「目に見える条件」を挙げる人は少なくないのではないでしょうか。

こんなことがありました。あるとき、医者をしている私の友人が「いいお嬢さんがいたら、息子の嫁に推薦《すいせん》してほしい」と言います。そこで、どんなお嬢さんがいいのか尋ねてみると、「頭のいい娘さんをもらわないと、孫が医者になれない」と言うのです。

これも一つの「目に見える条件」だと思うのですが、最近は、そういうことが幸せの条件だと考える人が増えてきたのではないでしょうか。

以前、六十五歳の婦人から、こんな話を聞きました。その婦人には子どもが三人いたのですが、一番下の子が事故で亡くなり、多額の保険金が入りました。すると長男は、そのお金で毎日飲み歩くようになり、そのうえ、奥さん以外の女性と付き合うようにもなりました。当然、奥さんは怒って実家に戻り、そのまま帰ってこなくなってしまったのですが、それをいいことに、その女性は家に入り込んだのです。そして、保険金で新しくお店を始めたのですが、費用が足りずに六百万円の借金をつくってしまいました。

そうこうするうちに、今度は風来坊《ふうらいぼう》の二男がひょっこり帰ってきて、あろうことか、いつの間にかその女性と仲良くなって、一緒に出ていってしまったのです。

その婦人は嘆きました。

「お金が入ってきたばっかりに、家の中は目茶苦茶《めちゃくちゃ》。そのうえ借金までして、うちは不幸せになってしまいました」と。

目に見えるお金さえあれば幸せになれるという考え方は、決して正しいとはいえないと思うのですが、いかがでしょうか。

ところで、現在の日本は経済大国になって、お金にも物にも恵まれています。

先日、インドに行っていた友人が、私にいろいろと教えてくれました。インドの人に、「あなたは世界中で、どの国が一番いい国だと思いますか?」と聞いてみたところ、「日本」だと言うのです。そこで「なぜ日本が一番なんですか?」と聞くと、「日本には、自動車がある、電話がある、テレビがある、冷蔵庫がある、クーラーがある、洗濯機がある」と答えたのです。そして「日本は天国ですね」とも付け加えたそうです。

インドの人から見たら、日本は天国のような国なのでしょう。そのくらい経済的に恵まれているのが、現在の日本です。

しかし、いま日本に住んでいる人で、「日本は天国だ」と思っている人は少ないのではないでしょうか。その証拠に、自殺者が年々増えています。平成十六年に自殺した人は約三万二千人だそうですが、なかには「おもしろくないから、死にます」という遺書もあったと聞きます。

〝おもしろくない〟ということは、〝喜べない〟ということです。日本は経済大国になりましたが、喜べない人がたくさんいるのではないでしょうか。

人間はどんなにお金や物に恵まれても、喜べなかったら幸せではありません。

では、どうすれば喜べるのか。

この間、二人の女性に、別々に「スタイルがよくなりましたね」と言ってみました。すると、一人の方は「あなたはいままで、私のスタイルが悪いとでも思ってたんですか?」と、嫌《いや》みタラタラの返事。でも、もう一人の方は「あらー、そう言ってもらうだけで嬉《うれ》しいですよ」との返事。

同じことを言ったのに、なぜこんなにも反応が違うのでしょうか。

それは、心の徳の問題だと思うのです。心に徳のある人は、起こってきたこと、成ってきたことをプラスに受けとめ、喜びを見いだすことができるのではないかと思います。

最近、「心の教育」ということが盛んにいわれるようになりましたが、これは「世のため人のために奉仕をして、徳積みをして、喜べる人間になる」ことだと私は考えています。つまり〝徳育〟、徳を育てることです。この徳育を、もう少し具体的にいいますと、「親孝行」と「人をたすけること」だと思います。

また、「真面目《まじめ》であれば幸せになれる」と思っている人も多いかもしれませんが、真面目だけではダメです。

この間、重い病に苦しんでいる五十三歳の人に、お話をさせていただく機会がありました。

その人は私に「これまで何も悪いことをしてこなかったのに、なんでこんな病気になったのでしょうか?」と尋ねました。私は答えました。「あなたは、何も悪いことをしていないでしょうが、善《よ》いことも何もしなかったんでしょうね」と。

私の答えに、その方はびっくりされたようで、説明不足だと思って、話を続けました。

「たとえば、働いて子どもを育てるというのは誰《だれ》でもすることで、当たり前のことです。そのほかに、世のため人のためになることを、どれだけしてきたかが問題なんですよ」

その人は、まだピンとこないような顔をしているので、

「あなたは、真面目にさえ生きていれば、幸せになれると思っていたんじゃないですか？」

と尋ねてみました。「はい」と答えられました。

さらに、

「あなたは、人に笑われないように、人からけなされないように、人から後ろ指をさされないように、人から批判されないように……。こういう生き方を真面目だと思ってきたんじゃないですか？」

と尋ねると、「そうです」と答えられました。

「あなたの言う真面目とは、わが身を守るための真面目なんですよ。人から笑われようが、けなされようが、世のため人のために尽くせる人間が、本当に真面目な人なんですよ」

とお話しすると、ようやく納得した顔をされました。

現代の恵まれた生活は、多くの人の努力の積み重ねによって築かれたものです。その恩恵に浴せることを喜び、そのご恩に報いさせていただけるような通り方や行いをすることが大事だと思います。そういう通り方や行いが、徳積みとなり、目に見えない幸せの条件にもなっていくのです。

目に見えるお金や物も、幸せの条件の一つでしょうが、それ以上に、どんなことにも喜びを見いだし、徳積みの生活をすることが、幸せにつながる道だと信じています。

人間の心は生きる源

三ツ井久良蔵《みついくらぞう》

昭和13年生まれ　秋田県大館《おおだて》市
東大館《ひがしおおだて》分教会長
秋田刑務所教誨師《きょうかいし》、元大館市行政相談員

私には「三ツ井久良蔵」という名前があります。そして、どの人にも、必ず名前がついています。もし、名前のない人がいたら、これは大変です。「名前がなかったら、何が大変なんだ?」と思う人がいるかもしれません。でも、よく考えてみてください。世の中の人でも物でも、名前のないものはありません。もしも「これには確かに名前がついていない」というものがあれば、それは大発見です。その物をあらゆる角度から調べ上げ、間違いなく名前がついていないと分かれば、すぐに名前がつけられて、世界中へ発表されるでしょう。ですから名前がないというのは、とても大変なことなのです。

さらに、「命名」という言葉があるように、名前をつけることは、その人やその物に「命」を吹き込むことに等しいことだと思います。ただ単に、ほかの人や物と識別するためだけの記号ではないのです。

人でも物でも、名前がつけられたときから、姿形や性格や性質、そればかりか、その物の成り立ち、人間でいえば、その人の人生を含む、生きた証《あか》しがはっきりしていきます。

ですから、名前というのは、私たちの生き方そのものに関《かか》わる、命のように大切なものだと思っていただきたいのです。

ところで、「命って、いったい何だろう?」と聞かれたら、皆さんはどのように答えますか？　私は次のように答えます。

「いのち」の「い」は「いきる」、「の」は「のびる」、そして「ち」は「ちから」。

つまり、「いのち」とは「生き延びる力」だと。

生物が生きている元になる力、そして、その力を存続させる元の力、これが命だと思うのです。

それでは、この命は、どのようにして私たちに与えられたのでしょうか。

私たちがこの世に誕生する第一の条件は、両親がいるということ、言い換えれば、親が先にこの世に生まれているということです。これは厳然とした理の順序です。

そして、私たちの両親にも、同じように両親がいて、そのまた両親がいます。この順序をどんどん遡《さかのぼ》っていくと、大もとの一組の両親にたどり着くことができます。その元なる両親こそが親神様であり、私たち人間に、かけがえのない命をお与えくだされている存在なのです。

宇宙が誕生したのは、いまから百四十億年も前のことだといわれています。想像もできないほどの時間が経過する中で、この地球上で生物進化が起こり、多様な種《しゅ》が生まれていき、いまの人間になったことを考えますと、私たちが命ある唯一の存在としてこの世に生きているということは、決して偶然の積み重ねではない、奇跡的なことだと言わざるを得ません。

そのかけがえのない命には、宇宙とこの世界の一切を司《つかさど》る親神様の、私たちへの大きな期待がかけられています。それは、人間が互いにたすけ合う、喜びずくめの世界をつくることです。天理教では、陽気ぐらしといいます。

そのご期待に応《こた》えられるよう、私たちには、この時代とこの社会をより良いものにしていく使命があると思います。

親神様の期待が込められた私たちの命。その命を支えるものは何かと考えてみると、まず、太陽の光、水、そして地球を取り巻く大気が挙げられます。この三つの

自分のためだけの生き方から、人のために生きる生き方へ

条件によって、植物が育ち、動物が養われ、これが人間の食べ物となります。

そのほかにも、着る物や住む家など、暮らしに必要なものはたくさんありますが、これらはすべて、万物を育《はぐく》まれる親神様からのお与えなのです。

ところで、命の中心になるものは何でしょうか。私は心だと考えます。

私たち人間の心は、一人ひとりの命の生きる源《みなもと》です。心がなければ、いままで生きることはできなかったでしょうし、これからも生きていくことはできません。

なぜなら人生とは、その人の心が一日の中で思ったり考えたりしたことの積み重ねなのですから。

心は命と共にある、生きるうえでの大きな力なのです。

私は、ただ自分の命のためだけの生き方から脱して、少しでも自分以外の命のため、ほかの人のために生きる生き方へと変えて以来、これほど楽しく嬉《うれ》しく素晴らしい人生はないと思うようになりました。

親神様から与えられた尊い命。そして私たち一人ひとりの生き方を決める心。その心の力を、地域社会や職場、そして一番身近な家庭の中で思う存分に働かせて、親神様のお望みである陽気ぐらし世界を目指して努力していくことが、ひいては私たちのたすかる道、また楽しい人生に繋《つな》がっていくと信じます。

より良き人生の土台を築く

東《ひがし》　誥淙《こうそう》

昭和11年生まれ　広島県東広島市《ひがしひろしま》
童心《どうしん》分教会長、愛豫《あいよ》大教会役員、「憩《いこい》の家」事情部講師

人生にはいろいろなことがあります。まるでお天気のように、晴れの日もあれば雨の日もあり、大荒れの日もあります。その人生の中で、たいていの人は「より良い人生を歩みたい」と願っているのではないでしょうか。

そのために心に留《と》めておきたいこと、知っておきたいこと、「この世と人間」について、私の信じるところをお話ししたいと思います。

まず、この世について。世の中には、目に見えるものと目には見えないものがあります。

たとえば、リンゴは目に見えます。そのリンゴの落ちる姿を見て、ニュートンは地球に引力があるということを発見しました。この引力は目には見えませんが、その力があるからこそ、リンゴの落下が目に見えるのです。

このような目に見えるものと目には見えないものの、どれ一つを取っても、人間の手で作り出したり、生み出すことはできません。

「そんなことはない。科学の力で人間はいろいろなものを作っているじゃないか」と反論されるかもしれませんが、それは法則や働き、性質や原料などを見つけて、それらを使って上手に組み合わせているにすぎません。元々あるものを生かしているだけなのです。

そう考えると、この世の中は、人間業《わざ》を超えた大きな力によって成り立っていることに気づきます。

私は、この大きな力こそが神様だと信じているのです。

次に、人間についてですが、人間はどのようにして、この世に存在するようになったのでしょうか。

まず、お父さんとお母さんの結びつきがあってこそです。しかし、お父さんとお母さんの力だけで人間が生まれたかと言えば、そうではありません。

人間の受精卵は十月十日《とつきとおか》の間、お母さんのお腹《なか》の中で、目に見えない働きによって育《はぐく》まれ、分化して各臓器や身体《からだ》の部分となります。その過程は、人類誕生の進化の歴史をたどるといいます。

ですから、人間を創《つく》られたのは、神様にほかならないと私は信じています。つまり、神様がこの世と人間をお創りくだされ、神様のお働きによって一切が成り立っていると考えるのです。

では、人間とはいかなる存在なのでしょうか。

私は、人間とは「体」「心」「魂」の三つの要素をもつ存在だと思います。

まず、体についてですが、私たちはよく「自分の体」などと言いますが、決して自分自身のものではありません。自分自身のものならば、何もかも意のままになるはずですが、なかなか自由にはなりません。病気になって床についたら、わが身の自由はきかなくなります。つまり、体は自分自身のものではなくて、許される限りにおいて自由に使えるものだということです。このことを、天理教では「体は神様からのかりもの」と教えられています。

次に心です。心だけは自分の自由になるように思いますが、よく考えてみると、善《よ》い心を使おうと思っても、自分の癖性分《くせしょうぶん》が邪魔をして、つい悪い心が働くようなことがあります。また、思いもよらず、善い心が湧《わ》いているようなこともあります。心にも自由にならない面があるようです。ですから私は、心も神様から与えられたものだと考えています。

そして、神様から体を借りて、心を与えられている自分自身の主体、これが魂であると私は思います。

ですから、人間とは魂が体を借りて、与えられた心を働かせて生きていく存在と言えるのではないでしょうか。

この魂についてですが、天理教では、魂とは末代に生き通しするものと教えられています。つまり、魂は前生、前々生……と遡《さかのぼ》って、人間創造の時から生まれ変わりを重ねてきたものであり、これから先も来生、再来生……と、末代まで続いていくということです。

では、最後に「人間はどのように生きたらいいのか」についてお話しします。

人間の主体である魂は、それこそ水晶玉のようなもので、この世での体と心の使い方によって磨かれていきます。魂は磨かれることで、その本来の輝きを取り戻していくのです。そして、その使い方によって、自分自身の運命の土台が築かれていくのだと思います。つまり、今生の運命の土台は、前生における心づかいと行いで形づくられ、そのうえに、今日の自分自身の行いと心づかいが積み重ねられ、これから先の自分自身の運命の土台となっていくのだと思います。

ですから人間は、この運命の土台が確かなものとなるように生きていけばいいのではないでしょうか。そのためには、人間の生きる目的である「陽気ぐらし」のできるような生き方、言い換えれば、善い心づかいと善い行いに努めるということです。

それでは、善い心づかいと行いをするには、どのようなことを心がければいいのでしょうか。基本的には、ご恩を感じるということが大切です。

人間は、良いことに出合えば「ありがたい。おかげさま」と思いますが、つらいことに出くわしたら、なかなかそういうふうには思えないものです。

しかし、そんなときでも、ご恩を感じられる道があります。それは「いかなることも、私の運命の土台を良くするための導きなのだ」と受けとめることです。そして、自分自身がいま生きていること、体を使わせていただけること、人々との巡り合わせも含めて、この世の恵みの中に置いていただいていることへのご恩を感じ、感謝することです。この世と人間をお創りくださり、体をお貸しくださり、心を与えてくださる神様のご恩を感じ取ることです。

感謝の心が持てれば、喜びが湧いてきます。勇んできます。明るく暮らせます。その心のうえに、さらに「人さまにたすかっていただこう、人さまに喜んでもらおう、勇んでもらおう」と心して通れば、自分自身の運命の土台がいっそう確かなものになるのです。

お互い、神様のご恩に感謝しながら、明るく勇んで人だすけに励むことが、より良き人生への確かな道なのだと思います。

「夢楽」の向こうにある道

林《はやし》　壽孝《としたか》
昭和10年生まれ　京都市北区《きた》
弘徳《こうとく》分教会前会長、西陣《にしじん》大教会准員

私の家のすぐ近くに予備校があります。毎朝決まった時間になると、周辺の地下鉄の乗降口から大勢の若者が溢《あふ》れ出て、学校へ向かう人の流れができます。流れの中には、一点を見つめて歩く真面目《まじめ》そうな人や、大声で楽しそうに話しながら歩くグループ、何か思い詰めたような顔つきで、一人うつむき加減でとぼとぼ足を運ぶ人など、さまざまな人がいます。

時に私は、この若者たちが、いま何を思い、将来どんな人生を送るのか、興味を覚えるのです。

札幌《さっぽろ》市にある北海道大学の構内の一角に、ウイリアム・クラーク博士の胸像が立っていることは、多くの人たちが知るところです。

クラーク博士は明治九（一八七六）年、北海道大学の前身である札幌農学校が創設されるに当たり、アメリカから来日して初代教頭に就任、独自の開拓者精神をもって多くの人材を育てたと伝えられています。

在任期間はわずか九カ月でしたが、帰国するときに言い残した言葉、「Boys《ボーイズ》 be《ビー》 ambitious《アンビシャス》（青年よ、大志を抱け）」は、当時の若者たちの胸に火をつけ、約百三十年を経たいまでも多くの人たちに感動を与え続けています。

時に悩み、時に苦しみながらも、何かを求め、何かを究《きわ》めようとする若者たちの心に希望を持たせ、勇気を呼び起こす言葉だからでしょうか。

人は皆、夢を持ちます。願いを持って生きています。目先の夢、遠くを望む夢、理想をはるかに超えた途方もない夢のまた夢と、いろいろあります。

常に身をかがめて足元ばかりを見ながら歩いていると、目先のことしか目に入らず、ものの見方がだんだんと狭くなってしまいます。反対に、顔を上げて胸を張り、前方を見つめると、自然と視野が広がり、夢も広がっていきます。日々の姿勢や生活態度によって、夢や願いは変わってくるのです。


私は子どものころ、野球が大好きな少年でした。バットとグローブを手に、毎日走り回っていましたが、性格はいたって内気でした。しかし、大学を卒業したころ、ある人に「おまえは何をするにも受け身で、目先のことしか目に入ってない。今後の自分自身の立場を考えれば、物事を大きくとらえて、将来を視野に入れて積極的に動くように」とアドバイスされたことがありました。

それからというもの、私は一切の先案じや躊躇《ちゅうちょ》をせず、意識して目標を高く掲げて勇往邁進《ゆうおうまいしん》、積極的に歩むことを心がけるようになりました。心構え、心づかいが変わると、ものの見方や動き方も変わってきます。おのずから結果も変わり、何ごとにも自信を持って行動できるようになりました。

人には個性や特性、特技があります。これらは生まれながらに神様から授けられたものですが、それに気づかず、活《い》かすことなく過ごしていることが少なくないのではないでしょうか。

しかし、日常生活の中で、何かをきっかけに、まさしく心機一転、ものの見方や考え方が変わったとき、その運命さえも大きく変わってくるものなのです。何をしてもできない、ダメだとあきらめを感じていた人でも、心の持ち方一つで、いままで考えもしなかったことや、不可能だと思っていたことが「できる!」と思えるようになるのです。つまり、それまでの心の持ち方と行いを一変させ、一歩でも前へ進もうとする勇気を持ち、決断をすることによって、自らの魅力や潜在能力が引き出され、活かされて、前途は洋々と開けてくるのです。

そのために必要なことは、時折の目標を持つことです。時旬に応じた、立場にふさわしい何かの目的を掲げて、その実現に努めるところに、希望と楽しみが湧《わ》いてきます。

どんなことでも、始まりはゼロからです。最初は何もなくとも、燃え上がるような情熱と使命感、そしてある種の緊張感が道を拓《ひら》きます。常々の惜しまぬ努力は、物事に素早く反応する感性をも養います。こうした中からつかんだ感動を、子から孫へと、次の時代を引き継ぐ若者たちに伝える。これこそ、末代へつながる楽しみとなり、道は無限に広がっていくのではないでしょうか。

世界のあちこちに世界遺産があります。国や地域で誇《ほこ》りとする文化財や自然環境を保護し、未来の世界に引き継いでいこうとする人類共通の宝物です。

私が住んでいる京都は千年を超える長い年月、都として栄えました。その間に培《つちか》われた歴史や文化の結晶として、町の所々に国宝や重要文化財に指定されたものが数多くあることは、周知の通りですが、ユネスコの世界遺産に登録された建造物は十七カ所にも及んでいます。世紀を越えて、それぞれの時代の優《すぐ》れた文化遺産を大切に保存、継承しているのです。

しかし、それらの建物は、将来、国宝や世界遺産に指定されることを意識して造られたものではありません。その時々に、それぞれの目的や目標のもとに造られたものだと思います。願いを込めて無心に造られたものが、年を重ね、幾度かの戦乱の中をも多くの人々によって守り継がれて、美術的に文化的に貴重なものとして、いまに輝いているのです。

蒔《ま》かれた種が芽を吹き、やがて花が咲き、実がみのり、そして次への種を残すように、何一つないところから、無心で始められたことが、年を経て代を重ねるうちに大きな伸展を見るとき、私たちは志を大きく持ち、その時その時を大切に、足元を見つめて着実に通ることが、いかに大切であるかを強く感じるのです。

私は昨年十月で満七十歳になり、「古稀《こき》」のささやかなお祝いをしていただきました。その席で、私の心情を「夢楽《むらく》（夢を楽しむ）」という言葉で表しました。

誕生から今日に至る七十年の人生を振り返ると、夢のような心地がします。日本や世界の情勢から、身近には自身を取り巻く環境や生活の変化、いまの立場を考えたとき、まさに夢のような日々です。そして、いまの喜びを味わいつつ、生きている限りは、将来に向けて「希望と楽しみを持って、夢広げる道を歩み続けたい」。そうした思いを「夢楽」の言葉に込めたのです。

先に申した「Boys be ambitious」の後には、「like《ライク》 this《ディス》 oldman《オールドマン》」と続いています。「青年たちよ頑張れ。こんな年寄りも頑張っているんだから」と、若者たちに呼びかけた言葉だともいわれています。

老若《ろうにゃく》を問わず、いかなる世代に生きる人たちも、自らの人生に生きがいを求めて、何か目標を持って前向きに歩み続けるところに、充実感や満足感のある日々がありま す。その向こうに、一人ひとりの陽気ぐらし、そしてそのはるか向こうに、世界平和と人類の幸福を招来する道があると信じます。

「感謝、慎み、たすけ合い」で暮らす

川端《かわばた》　守《まもる》

昭和6年生まれ　徳島県石井町《いしいちょう》
浦庄《うらしょう》分教会長、撫養《むや》大教会准役員
徳島刑務所教誨師《きょうかいし》、徳島県教誨師会顧問

私たちが人生の中で願い求めるものとは、いったい何でしょうか。十人十色、さまざまであろうと思いますが、ひと言で言えば、「明るい人生、幸せな暮らし」ということではないでしょうか。

さらに、「幸せ」の中身を考えてみますと、「健康でありたい」「明るい家庭」「友人や仲間と仲良く暮らしたい」などがあると思います。

そこで、健康について。

私は若いころから非常に健康に恵まれていたのですが、五年前、六十九歳のときに肺がんと診断され、左側の肺の四分の一を切除しました。その三年後には、胃と前立腺《ぜんりつせん》にもがんが発見され、矢継ぎ早に手術を受けました。わずか三年の間に、三カ所の臓器ががんに蝕《むしば》まれたのです。

「なんでや、なんでや。この俺《おれ》が続けざまにがんとは……」

私は不安と恐怖のドン底に落ち込みました。しかし、そんな中で、

「いくら嘆いたところでどうにもならない。逃げていてはいけない。人間誰《だれ》しも苦しみからは逃《のが》れたい。けれど、逃げれば逃げるほど、追っかけてくるのが苦しみの正体。そうだ、病気や苦労に追っかけられ、捕《つか》まえられて苦労するのではなく、逆に苦労を追いかけ、苦労を捕まえてやろう。これからは苦しみと悲しみを味わいながら生きていこう」

と、苦労に対してプラス思考で、前向きに対処する道を探り得たのです。

そこで私は、がんに侵《おか》された身体《からだ》の部分を思い浮かべてみました。すると、「肺」の「は」、「胃」の「い」、「前立腺」の「ぜん」。「は・い・ぜん」という言葉が頭の中で一つとなり、宴会などで料理を配る「配膳係《はいぜん》」を連想したのです。「そうだ。これからの私の人生は、人さまの配膳係として裏方に徹し、誠真実で生き抜こう」

私は、こう心に定めました。すると、心に夢と希望と勇気が湧《わ》いてきたのです。こうして、「肺」と「胃」と「前立腺」の〝がん三兄弟〟と親しく付き合うことになったのですが、手術や入院を通して、しみじみと感じたことがあります。それは、毎日見舞いに来てくださる方々や、「お父さん、大丈夫?」「おじいちゃん、頑張ってよ!」と声を掛けてくれる子どもや孫たちの、温かい言葉の温《ぬく》もりと、心の絆《きずな》のありがたさです。

考えてみますと、戦後六十年たったいまの日本に失われたものは、社会や地域における人間関係です。これが非常に希薄になってきています。もちろん、家庭も同じことです。夫婦、親子、兄弟の間柄も、ぼやけてきたように思います。

そんな世情の中で、私は何とも言えない無上の喜びと感動を覚えることができたのです。それは、入院や手術という苦しみや悲しみの中にいたからこそ味わえたのかもしれませんが、私たちは日々の暮らしの中でも、同じように味わい得る方法があるのです。

人間という文字を思い浮かべてください。

「人」という字は、持ちつ持たれつ支え合うような形をしています。そして「間」は「ま」とも読みます。つまり人間とは、人と人との間《ま》を繋《つな》ぐことだと、私は考えています。間が抜けると「マヌケな人」と言われてしまいますが、反対に「あの人は人間ができている」と言われる人は、間の取り方が上手《じょうず》だと思うのです。

そして、人と人との間を繋ぐと、そこには「縁《えん》」ができてきます。「あの人とご縁ができました」という縁です。この縁が尊いものになってくると、「絆」が生まれます。

この絆を結ぶうえで、一番大切になってくるのは「言葉」だと思います。

私たちは言葉によって、相手に「甲斐《かい》」を与えることができます。「ここに来た甲斐があった」「働き甲斐があった」「生きる甲斐があった」という喜びを与えることができるのです。

朝、人と出会ったら「おはようございます。お元気ですか?」と、あいさつをする。それによって、人と人との繋がりが生まれる。さらに、相手の名前を親しく呼ばせてもらう。そうすることによって、より親しみが湧いてきます。そして「にこやかな微笑《ほほえ》み」、笑顔こそが人間関係の絆を強めてくれるのです。

さて、親しみのあるあいさつ上手、最高の笑顔上手になれば、当然、人間関係は深まってきます。そこで、もっと大切なことは、「感謝」と「慎《つつし》み」と「たすけ合い」です。

私は、この「感謝・慎み・たすけ合い」の大切さを痛感したことがあります。

いまから七年前、妻が重い病で大手術を受け、私が付き添いで看護したときのことです。

便秘がちだった妻が下剤を服用し、朝の四時ごろ、大量の便をしたのです。その悪臭に「俺の人生って、いったい何なのだろう」と腹立たしくさえ思いながら、後始末をしたのですが、そのとき、ふと気づいたのです。

「人生とは、自分の知恵や才覚、手腕や努力の賜物《たまもの》だと思っていたが、そうではなかった。いま、目の前で病に臥《ふ》しているこの妻が、不足や泣き言も言わず、陰になり日向《ひなた》になり、支えてくれたおかげだ。この妻あってこその、わが人生だった」

そんな思いが湧いてきて、病床の妻に対する感謝の涙が止めどなく溢《あふ》れたのです。

このときから、毎日交代で妻の世話をしに来てくれる子どもたちにも、

「いままでは、子どもが親の世話をするのは当たり前だと思っていた。本当にすまなかったなあ、ありがとう」

と、素直にお礼の言葉が言えるようになり、夫婦、親子のたすけ合いの素晴らしさも実感しました。

さらに、「思えば、結婚以来四十数年、妻は本当に素直で慎み深かった。それに比べて、この俺は言いたい放題、したい放題で申し訳なかった」と、あらためて慎みの大切さも痛感したのです。

以来、私たち夫婦は、この「感謝・慎み・たすけ合い」を人生航路の羅針盤《らしんばん》とさせてもらっています。

さて、皆さん、明るい人生を築くためには、人間関係の絆を強める、人それぞれの創意工夫と努力が何よりも大切です。

人と出会えば、名前を呼んで声を掛ける。「本気」の笑顔で接する。そこに、「感謝・慎み・たすけ合い」の心の持ち方をプラスして暮らす。

これが私の、明るい人生を築くための工夫です。

心を洗い、鍛え、徳を積む

二宮勝巳《にのみやかつみ》

昭和8年生まれ　愛媛県今治市《いまばり》
瀬戸路《せとじ》分教会前会長

私たち人間は、目や耳や口、手足など、この体を動かして生きています。しかし、体が勝手に動くわけではありません。

医学的には脳が動かしているといいますが、では、その脳は誰《だれ》が動かしているのでしょうか。それは、一人ひとりの心が動かしているのです。本当に、心ほど大切なものはありません。

心というものがどれほど大切なのか、心をダイヤモンドに例えてみたら、分かりやすくなるでしょう。

地下から掘り出されたダイヤモンドの原石は、そのままでは何の値打ちもありません。その原石をきれいに洗い、さまざまな角度に削り、丹念に磨き上げると、ネックレスや指輪を飾る、きらきらと輝く宝石が出来上がります。

人間の心も宝石と同じです。心を磨くことをせずに、わがままに暮らしていれば、みんなに嫌われ、寂しい生き方をせざるを得なくなるのではないでしょうか。

いま、世界中の人々が心を磨くことを忘れ、目に見える地位やお金などを追い求め、憎しみ、争っています。

一方で、人間は誰もが「陽気に楽しく暮らしたい」と願っています。それは、神様が人間をお創《つく》りくだされた目的が「陽気ぐらし」だからです。

しかし、「自分だけ楽しみたい」となれば、横道にそれてしまいます。みんなと一緒に楽しむところに、いつまでも崩れない幸せな生き方があるのです。

次に、「人間らしい生き方」について、話を進めましょう。

まず、先ほどダイヤモンドのたとえで述べたように、きれいに〝心を洗う〟ということが大切です。

たとえば、汚れた手をタオルで拭《ふ》くと、タオルに汚れが移ります。けれど、そのタオルも洗えばきれいになります。これと同じように、人間の心も自分では気がつかないうちに汚れてしまうので、その汚れを取り去るために、心を洗うということが大切になってきます。

心を洗うことを忘れていると、「あの人はだめ、この人も気に入らない」というように、すべての人が汚く見えてきます。これは、心がかなり汚れてきた証拠です。

いつも心を洗ってさえいれば、どの人も大切な人に思え、何もかもが嬉《うれ》しく見えてくるから不思議です。

次に大切なことは、さまざまな出会いを通して〝心を鍛《きた》える〟ことです。私は九歳のとき、釘《くぎ》が足の裏に刺さって筋肉炎という病気になり、十年もの長い間苦しみました。しかし、このような経験をしたおかげでしょうか、いま病気で苦しんでいる人に出会うと、躊躇《ちゅうちょ》なくお世話をさせていただけます。

このように、人間は苦しみを通して心が豊かに育つという一面もあると思います。貧しさや悔《くや》しさなどの苦しみから逃げたりせず、「これでいい！」と受けとめ、その坂を必死になって越えてください。

こうして育った心は自分の宝物となって、さまざまなところで役に立ちます。それが本当の人間の生き方だと私は思うのです。

さらに、三つ目は〝心に徳を積む〟ことです。

たとえば花の種を蒔《ま》いても、肥料を施さなかったら美しい花も咲かず、実もなりません。これと同じように、どれだけ賢くよく働いていても、心が痩《や》せていては思ったことが思い通りに運びません。

世の中には、人間の知恵や力でできることと、できないことがあります。むしろ、人間の力でできないことのほうが多いのではないでしょうか。

では、その徳を積む方法はどうすればよいのでしょうか。

朝目が覚めてから、夜眠るまでの一日のうちで、損だと思うほうを、あえて自分が取り、得なほう、良いほうを相手にあげるようにしてください。

すると、まるで雪が積もるように心に徳が増え、することなすことが良いほうへ良いほうへと進んでいきます。これは、やってみたら納得できるはずです。


さて、人間は獣《けもの》ではありません。そのことは、次の両者と比べてみたらよく分かります。ライオンは肉しか食べられませんし、ウサギといえば人参《にんじん》を食べている姿が思い浮かびます。肉や卵を食べているウサギは見たことはありません。

ところが、人間は肉や魚や果物も食べるし、そのうえ話すこともできる、字も書

損をして徳を積む

けるなど、たくさんの喜びを神様からもらっています。こんなに恵まれている人間が、わが身わが家のことしかできないということでは困りものです。

困っている人がいたら、勇気を出して、言葉を添え、手を差し伸べ、時には、その苦しみを少しでも肩代わりしてあげてください。人だすけをすることは、世界中の人間がしなければならない〝当然のつとめ〟だと私は思います。

人間の本質はダイヤモンドにも勝《まさ》る素晴らしさを秘めています。そのような自分の心を、自分自身が真剣に「洗い、鍛え、徳を積み」、素晴らしい人間に育て上げるのが、この世に生まれてきた人間の最も大切な仕事ではないでしょうか。

現在、地球上には六十五億人が暮らしていますが、どこを探しても同じ人はいません。一人ひとりに、それぞれにしかできない生き方があります。

「みんながするから私もする」というようでは、あなた自身が埋没《まいぼつ》してしまいます。どんなに周りが変わろうとも、「私は人間らしく生きる」と胸を張って、いきいきと過ごしてください。それが人間らしい生き方ではないでしょうか。

私は私を幸せにする義務がある

筒井敬一《つついけいいち》

大正7年生まれ　岐阜市
越美《えつみ》分教会長、岐美《ぎみ》大教会役員、「憩《いこい》の家」事情部講師
元岐阜県警察本部講師

人間は、生まれてから、死ぬまでしか生きられません。そんな人生の中で、何が一番大切なのでしょうか。その答えはいろいろありますが、私が考えたのは「私が幸せに暮らす」ということです。

せっかく人間として生まれてきたのに、「弱ったなあ、困ったなあ」と悲観ばかりしていたら、生まれてきた甲斐《かい》がないでしょう。

私たちは納税の義務があるから税金を納めます。また、義務教育があるから学校へも行きます。それと同じように、「私は私を幸せにするという義務がある」「あなたはあなたを幸せにするという義務がある」と、私は思います。ですから、「人生で一番大切なことは？」と聞かれたら、「それは、あなたがあなたを幸せにすることですよ」と答えるのです。

そこで、その幸せですが、幸せというものは、人は与えてくれません。友達の家に行って「幸せを少し分けてくれないか？」と言っても、誰《だれ》もくれません。また、幸せは売ってもいません。「あそこのデパートで幸せのバーゲンセールがあるから、早く行って買ってこよう」。こんな話は聞いたことがありません。もらうこともできない、売ってもいない幸せというものは、自分でつくるより仕方がないのです。

では、幸せはどうやってつくればいいのでしょうか。私は考えました。

「人生には楽しいことや嬉《うれ》しいことが案外少なくて、嫌《いや》なことが多い。でも、嫌なことが身の周りに現れたとき、心と胸三寸で、嫌なことを嬉しいことに切り換えることができるのではないか。悲しみを喜びに切り換えること、ものの考えを善意に考えることが幸せにつながるのではないか」と。


こんなことがありました。あるお母さんが「大変です、息子が家出しました！」と、私の所へ飛んでこられたのです。その後、無事に保護されたその少年に、私は家出の理由を聞いてみました。すると少年は、「僕は好きで家出したんじゃない。家ほどいい所はないんだ。でも、お父さんとお母さんは、毎日毎日けんかばっかりしてる。僕は夫婦げんかを見るのが何より悲しいんだ。動物園のヘビの檻《おり》の中へ入ったようだ」と打ち明けてくれたのです。

私は、このことを両親に話しました。そして、こう付け加えました。

「あなたたちにとって、わが子の家出というのは、確かに悲しい出来事です。しかし、その家出の原因は夫婦げんかにあるのです。夫婦げんかをするから、わが子が家出をしたのです。これからは夫婦げんかをやめましょう」

家出という悲しい出来事を、しっかりと喜びに切り換えたこの家庭は、その後、鮮やかによみがえりました。

このように、悲しいこと、つらいことを喜びに切り換えるということが、幸せをつくる大切な条件なのです。

先日、私はある老人会で、こんなお話をさせてもらいました。

「人間は喜びを失ったら、闇《やみ》の世です。喜びが、人間の生命と運命を守ってくれるのです」と、どんなことでも喜ぼうというお話をしました。すると、一番前に座っていたおじいさんが「ちょっと待った。それは、ちょっと甘いんじゃないかな。この世の中、そんなに喜べることばっかりじゃないよ」と言うのです。

そこで、私が「そんなに喜べないことがあるんですか？」と尋ねますと、「もう、喜べないことばっかりだ。この間も、可愛《かわい》い可愛い孫が、わしの膝《ひざ》の上にポーンと飛んできて、いきなり『おじいちゃん。いつ死ぬの？』って聞くんだよ。ムッとして『そんなこと、誰が言った？』って聞いたら、孫は澄ました顔で『お母ちゃん』って答えたんだが、こんなときでも喜ぶのかい？」。

これには私も「それは喜べませんね」と言いながら、ちょっと話を変えて、あらためて「喜ぶこと」の説明をしました。

「ところであなたは、今朝《けさ》、歯を磨きましたか？」

「ああ、磨いたよ」

「どうやって？」

「どうやってって、右手で歯ブラシ持って、左手で歯磨き粉つけて磨いたんだよ」

「それじゃあ、あなたは右手も左手も、丈夫だってことですね。世の中には、右手も左手も、病気やケガで使えない人がおられるんです。そのことを思えば『両方の手が動く』ということは、喜べることですね。

夜寝て、朝起きると、目が見える、耳も聞こえる、口もきける、手足も動く。これはとてもありがたいことなんです。何もかも天の神様の尊いご守護なんですよ。その神様のご守護にご恩を感じて『ありがたい、もったいない』と喜んで通るから、神様から幸せというご褒美《ほうび》が頂けるんだと、私は思うんです。

ですから、どんなことでも、喜んで通ることを勉強しようじゃありませんか」

こうお話しすると、六十の手習い、百まで勉強と、会場の皆さんが大きな拍手を送ってくれました。

喜ぶ道は幸せの道。幸せの道は喜ぶ道。神様のご恩に感謝し、どんなことも喜びに切り換える心をつくる。そこにこそ、自分自身を幸せにする原点があるのだと、私は信じています。

あとがき

本書は、道友社制作のＣＳ放送番組「しあわせ羅針盤《らしんばん》――よろこび発見塾」における布教部講演講師三十八人のお話を一冊にまとめたものです。

いまの世の中は混迷を極めています。青少年犯罪の凶悪化や中高年の自殺者の増加は言うまでもなく、目や耳を覆《おお》いたくなるような悲《ひ》惨《さん》な事件が毎日のように起きて、人々の心は暗くなる一方です。

そんな世の中にあって、少しでも心が晴れ晴れとして、明るい暮らしができるようにと、天理教から〝陽気ぐらしのメッセージ〟を発信しようという願いを込めて、この番組は企画されました。

一般の視聴者を対象にした番組とあって、教語はなるべく用いずに、お道の教えをさりげなく伝えるよう工夫された、分かりやすくて味わい深いお話ばかりです。

本書を通して、教内者はもとより、いまだお道の信仰にふれていない方にも、小さな〝幸せのたね〟から陽気ぐらしの大輪を咲かせるヒントを得ていただければ幸いです。

最後になりましたが、番組の企画段階から本書の刊行に至るまで、講師の方々をはじめ、布教部にをいがけ課には多大なるご協力を頂きましたことに、心より御礼を申し上げます。

平成十八年六月

編者

幸《しあわ》せのたね

立教169年（2006年） 8月1日　初版第1刷発行
立教176年（2013年） 4月18日　初版第4刷発行

編　者　天理教道友社

発行所　天理教道友社
〒632-8686　奈良県天理市三島町271
電話　0743(62)5388
振替　00900-7-10367

TENRIKYO DOYUSHA

印刷所　株式会社　天理時報社
〒632-0083　奈良県天理市稲葉町80

ISBN978-4-8073-0509-4
定価はカバーに表示